혼술·홈파티를 위한 칵테일 레시피 85

칵테일 앳 홈

Prologue

집에서 칵테일 한 잔 어떠세요?

저는 술 마시는 것을 참 좋아합니다. 술을 좋아한다는 단순한 이유로 칵테일 책을 낸 지도 벌써 몇 년이 흘러 이제는 개정판을 만들게 되었네요. 그사이 다소 적어진 주량과 바빠진 생활로 예전처럼 술을 자주 즐길 수는 없게 되었지만, 그럼에도 여전히 지친 하루의 끝은 술로 마무리하고 있어요.

이번 개정판에는 기존의 레시피에 몇 가지를 추가해보았어요. 간단한 재료로도 즐길 수 있는 하이볼 네 가지가 있으니, 취향에 맞게 골라 한 잔 만들어보며 즐거운 시간 보낼 수 있기를 바랍니다.

넷플릭스 볼 때, 홈파티 할 때, 그리고 힘들고 지친 하루를 보낸 날…,
집에서 가볍게 한잔하고 싶은데 소주, 맥주 말고는 마땅한 것을 못 찾았다면 이 책을 펴고 가장 끌리는 레시피를 골라 맛있는 칵테일을 한 잔 만들어보세요.

여름날 무더위를 날려줄 탄산 가득한 칵테일도 좋고, 홀짝홀짝 마시기 좋은 달콤 쌉싸름한 칵테일도 좋아요. 그다음은 취향에 따라 재료를 가감하거나 좋아하는 재료를 추가해보는 거예요. 내 입맛에 딱 맞는 나만의 레시피를 만들었을 때 오는 즐거움이 꽤 쏠쏠하답니다.

맛있는 칵테일 한 잔은 바쁜 일상에 지친 여러분에게 편안하고 즐거운 시간을 선물해 줄 거예요. 칵테일과 잘 어울리는 음식을 준비해 맛을 음미하며 즐겨도 좋고, 사랑하는 사람들을 불러서 함께 해도 좋아요.

오늘은 집에서 칵테일 한 잔 어떠세요?

리니비니

Contents

프롤로그 • 2

Part 1 칵테일을 만들기 전에

칵테일에 대해 알아볼까요? • 10
칵테일 만드는 데 필요한 도구 • 12
칵테일 기본 기법 • 14
칵테일 베이스 • 16
칵테일 부재료 • 38
칵테일 글라스 • 39

Part 2 베이스별 칵테일 레시피

진 베이스 *Gin Base*

드라이 마티니 • 44
  └ 더티 마티니
진토닉 • 46
진 & 바질 스매시 • 48
브램블 • 50
핑크 레이디 • 52
  └ 화이트 레이디
에비에이션 • 54
클로버 클럽 • 56
라모스 진피즈 • 58
라즈베리 진피즈 • 60
진 그린티 • 62
로지 • 64
바이올렛 • 66

보드카 베이스 *Vodka Base*

블랙 러시안 • 70
└ 화이트 러시안, 깔루아 밀크
코스모폴리탄 • 72
스크루 드라이버 • 74
섹스 온 더 비치 • 76
키스 오브 파이어 • 78
블러디 메리 • 80
솔티 도그 • 82
시크릿 가든 • 84

럼 베이스 *Rum Base*

마이타이 • 88
모히토 • 90
오이 모히토 • 92
피나콜라다 • 94
└ 치치
프로즌 수박 다이키리 • 96
블루 하와이 • 98
쿠바 리브레 • 100
카이피리냐 • 102
└ 카이피로스카, 카이피리시마
데이지 • 104

테킬라 베이스 *Tequila Base*

마가리타 • 108
└ 블루 마가리타
테킬라 선라이즈 • 110
마타도르 • 112
슬로 테킬라 • 114
롱아일랜드 아이스티 • 116
└ 롱비치 아이스티, 도쿄 아이스티, 텍사스 티, AMF

위스키 베이스 *Whisky Base*

올드패션드 • 122
민트 줄렙 • 124
갓파더 • 126
└ 갓마더
맨해튼 • 128
위스키 사워 • 130
아이리시 커피 • 132
└ 베일리스 커피
아드벡 하이볼 • 134
아이스티 하이볼 • 136
짐빔 하이볼 • 138

브랜디 베이스 *Brandy Base*

사이드 카 • 142
브랜디 스매시 • 144
브랜디 알렉산더 • 146
비트윈 더 시트 • 148
프렌치 커넥션 • 150

리큐르 베이스 *Liqueur Base*

피치 크러시 • 154
미도리 사워 • 156
준 벅 • 158
네그로니 • 160
그라스호퍼 • 162
오르가슴 • 164
차이나 블루 • 166
카시스 프라페 • 168
스푸모니 • 170
시칠리안 키스 • 172
슬로 진피즈 • 174
베일리스 밀크 • 176
카시스 우롱 • 178
콰이페 하이볼 • 180

그 밖의 칵테일 *Etc*

뉴욕 사워 • 184
상그리아 • 186
레드 아이 • 188
아이리시 밤 • 190
샌디 가프 • 192
신데렐라 • 194
골든 메달리스트 • 196
라벤더 레모네이드 • 198
허니 진저 콤부차 • 200
히비스커스 자몽 티 • 202

찾아보기 • 204

종류도 많고, 이름도 낯설어 어려워 보이는 칵테일. 사실 만드는 법도 쉽고 재료도 간단한 음료예요. 집에서도 쉽고 빠르게 맛있는 칵테일을 만들 수 있답니다. 도구부터 기본 기법, 베이스가 되는 술까지 칵테일을 만드는 데 필요한 정보를 모두 알아보세요.

Part 1

칵테일을
만들기 전에

칵테일에 대해 알아볼까요?

알코올음료에 또 다른 술을 섞거나 부재료를 혼합해서 만드는 음료를 칵테일이라고 해요. 진, 보드카, 위스키, 브랜디 등 주재료가 되는 술에 각종 주스나 탄산음료, 리큐르, 시럽, 과일, 향료 등을 넣어 풍부한 맛과 향, 색을 만들어냅니다. 칵테일은 주재료가 되는 술, 만드는 방법, 부재료 등에 따라 다양하게 분류할 수 있어요.

올리브, 마라스키노 체리, 레몬 슬라이스 등
칵테일에 향을 입히거나 장식하는 가니시

탄산음료, 과일주스, 소다수 등
알코올 함량을 희석시키고 맛을 더하는 부재료

진, 보드카, 럼, 테킬라, 위스키, 브랜디, 리큐르 등
베이스가 되는 술

대표적인 칵테일의 종류

하이볼 High Ball | 증류주 + 탄산음료
각종 증류주를 탄산음료와 섞어 만든다. 주로 위스키 종류를 베이스로 하는 것이 일반적이지만 요즘에는 다양한 리큐르를 응용하기도 한다. 시원하고 깔끔한 맛이 특징이다.

피즈 Fizz | 증류주(또는 리큐르) + 레몬주스 + 설탕 + 소다수 + 레몬 장식
셰이커에 증류주나 리큐르에 설탕, 시트러스 주스를 넣어 잘 섞은 뒤 소다수 등의 탄산음료를 더하는 칵테일. 탄산음료를 개봉하거나 따를 때 '피~'하는 소리가 나는 데서 피즈라는 이름이 붙여졌다.

사워 Sour | 증류주 + 레몬주스 + 설탕

증류주에 레몬주스나 라임주스 등 섞어 만드는 칵테일. 시트러스 주스를 넣어 신맛이 강하다. 달걀흰자를 넣어 맛을 부드럽게 만들기도 한다.

줄렙 Julep | 증류주 + 민트류 허브 + 설탕

스피어민트나 애플민트 등 민트류 허브를 설탕과 함께 으깬 뒤 증류주를 부어 만든다. 민트가 들어가 맛이 상쾌하고 향긋하다. 잘게 부순 얼음을 잔에 가득 채워 차갑게 해 마신다.

펀치 Punch | 두 가지 이상의 술 + 주스나 과일, 탄산음료 등 두 가지 이상의 부재료

큰 그릇에 얼음을 넣고 두 가지 이상의 술과 두 가지 이상의 주스와 과일, 청량음료를 넣고 만든다. 큰 그릇에 만들어 여럿이 나눠 마시기 때문에 파티용 술로 제격.

리키 Ricky | 증류주 + 라임 + 소다수

증류주에 라임 또는 레몬 조각을 넣고 소다수를 채운 다음 칵테일 머들러로 레몬이나 라임을 으깨가며 마시는 칵테일. 클래식 칵테일 중 하나인 진 리키가 유명하다.

토디 Toddy | 증류주 + 뜨거운 물

증류주에 물을 섞어 희석시키는 방법으로 주로 뜨거운 물을 넣어 따뜻하게 마신다. 레시피에 따라 계피나 정향 등의 향신료를 섞기도 한다.

에그노그 Eggnog | 증류주 + 달걀 + 우유 + 설탕

달걀과 우유, 설탕을 넣어 달고 부드러운 맛이 특징이다. 따뜻하게 데워 먹기도 하고 차갑게 마시기도 한다. 무알코올 레시피로도 만들 수 있다.

프라페 Frappe | 리큐르(혹은 증류주) + 잘게 부순 얼음

잘게 부순 얼음을 가득 채운 잔에 리큐르 혹은 증류주를 붓거나 셰이커에 함께 넣고 셰이크 해 만든다. 카시스 리큐르로 만든 카시스 프라페가 가장 유명하다.

칵테일 만드는 데 필요한 도구

칵테일을 제대로 만들기 위해서는 도구가 필요해요. 진피즈, 모히토, 마가리타 같은 칵테일은 셰이커가 있어야 하고, 젓거나 섞을 때 사용하는 바스푼이나 머들러도 갖춰두면 좋아요. 맛있는 칵테일을 만드는 데 필요한 도구들과 올바른 사용법을 소개합니다.

코블러 셰이커 Cobbler Shaker 필수

셰이커 중 가장 기본적인 형태로 캡과 스트레이너, 보디로 나뉜다. 보디에 재료를 넣은 뒤 스트레이너와 캡을 순서대로 씌우고 흔들어 사용하는데, 스트레이너와 캡을 함께 닫으면 내부 압력으로 셰이킹 도중에 셰이커가 분리될 수 있으니 주의한다. 소재가 다양하지만 아크릴 셰이커는 깨지기 쉬우므로 스테인리스로 된 것이 좋다.

지거 Jigger 필수

액체로 된 재료를 계량할 때 사용하는 모래시계 모양의 계량컵. 용량이 다른 두 개의 컵이 위아래로 붙어 있다. 가장 많이 사용되는 것은 작은 컵이 1온스(30mL), 큰 컵은 1.5~2온스(45~60mL)로 된 것이다. 재료를 계량할 때는 넘치기 직전까지 찰랑거리게 담는다. 컵 안쪽에 눈금이 그려져 있는 것을 고르면 보다 정확하게 계량할 수 있다.

보스턴 셰이커 Boston Shaker 추천

믹싱 글라스와 믹싱 틴으로 이루어진 셰이커로, 믹싱 글라스에 재료를 넣고 믹싱 틴을 단단히 고정한 뒤 사용한다. 용량이 크기 때문에 양이 많은 칵테일을 만들 때 편리하다.
믹싱 틴에 믹싱 글라스를 끼우고 가볍게 내리쳐 고정한다. 분리할 때는 연결 부분을 주먹이나 손바닥으로 가볍게 친다. 크기가 다른 믹싱 틴 두 개를 끼워 사용할 수도 있다. 잔에 따를 때는 별도의 스트레이너가 필요하다.

바 스푼 Bar Spoon 필수

재료를 섞거나 적은 양을 계량하는 데 사용한다. 손잡이 부분이 길고 가운데가 나선형으로 되어 있어 음료를 섞을 때 편리하다. 스푼의 반대편은 포크로 된 것이 일반적이나 머들러 형태로 된 것도 있다.

스트레이너 Strainer 필수

칵테일을 잔에 따를 때 얼음과 재료들이 빠져나가지 않도록 걸러주는 도구. 보스턴 셰이커나 믹싱 글라스에 있는 칵테일을 잔에 따를 때 입구에 대고 사용한다. 과육이나 허브를 으깨 만드는 칵테일의 경우 거름망이 촘촘한 더블 스트레이너를 사용하는 것이 좋다.

믹싱 글라스 Mixing Glass 추천

위로 갈수록 입구가 넓어지거나 일자 모양의 두꺼운 유리잔으로, 주로 스터링 기법(p.14)으로 칵테일을 만들 때 사용한다. 맥주잔이나 텀블러로 사용할 수 있으며 믹싱 틴이 있다면 보스턴 셰이커로 활용할 수 있다.

칵테일 픽 Cocktail Pick 선택

장식으로 쓰는 올리브나 마라스키노 체리 등을 꽂는 핀. 소재와 모양이 다양하다.

아이스 픽 Ice pick 선택

큰 얼음을 원하는 크기로 쪼개고 다듬는 데 쓰는 도구로 얼음송곳이라고도 한다. 손잡이를 쥐고 송곳 부분을 얼음에 댄 다음 나머지 손으로 가볍게 내리치거나 콕콕 찍어 사용한다. 송곳 모양과 개수, 길이 등이 다양하다.

스퀴저 Squeezer 선택

레몬이나 라임, 오렌지 등의 즙을 짜기 위한 도구. 사용할 때는 과일을 반 잘라 스퀴저콘에 올리고 과일을 아래로 비틀어 누르며 즙을 낸다.

칵테일 머들러 Cocktail Muddler 선택

과일이나 허브를 잔에 넣고 으깨서 향과 즙을 내는 데 사용한다. 끝이 둔탁한 나무 스푼으로 대체할 수 있다.

칵테일 기본 기법

칵테일을 만드는 방법에는 여러 가지가 있어요. 그중 가장 많이 쓰이는 것이 빌딩(Building), 블렌딩(Blending), 스터링(Stiring), 셰이킹(Shaking), 플로팅(Floating), 머들링(Muddling) 등 6가지 기법입니다. 맛있는 칵테일을 만들기 위해 꼭 익혀두세요.

빌딩 Building

잔에 직접 재료와 얼음을 넣어 바스푼으로 가볍게 휘젓는 방법. 주로 하이볼 종류의 칵테일을 만들 때 사용한다. 탄산음료나 소다수를 넣는 레시피의 경우 너무 많이 저으면 탄산이 빠져나가므로 가볍게 1~2회만 젓는다.

블렌딩 Blending

재료에 잘게 부순 얼음이나 과일 등을 넣을 때 블렌더나 믹서를 사용해 셔벗 형태로 곱게 갈아 섞는 방법. 마이타이, 피나콜라다 같은 프로즌 또는 트로피컬 칵테일을 만들 때 주로 사용한다.

스터링 Stirring

잘 섞이는 술이나 드링크를 얼음과 함께 믹싱 글라스에 넣고 바스푼으로 고루 휘젓는 방법. 바스푼의 중간을 가볍게 쥐고 크게 원을 그리며 젓는다. 너무 많이 저으면 얼음이 녹아 칵테일이 묽어지므로 재빨리 저은 뒤 스트레이너를 사용해 잔에 따른다.

리밍 Rimming

잔의 테두리에 레몬 등의 과즙을 바른 뒤 설탕이나 소금을 묻히는 장식 기법. 접시에 설탕이나 소금을 고르게 펴놓고 과즙을 묻힌 잔을 굴린다. 과즙을 너무 많이 묻히면 잔에 지저분하게 흘러내리거나 설탕 또는 소금이 뭉칠 수 있으니 가볍게 묻히는 게 요령이다.

셰이킹 Shaking

셰이커에 얼음과 재료를 넣고 흔들어 섞는 방법. 점성이 있는 리큐르나 우유, 크림, 각종 주스, 달걀 등을 고루 섞을 때 사용한다. 셰이킹하기 전 셰이커가 잘 고정되었는지 확인한다. 탄산이 들어간 음료는 셰이킹한 뒤 따로 넣는다. 탄산음료를 함께 넣고 셰이킹하면 내부 압력으로 인해 셰이커가 열릴 수 있다.

드라이 셰이킹 Dry Shaking

주로 달걀흰자나 크림이 들어가는 칵테일을 만들 때 얼음을 넣지 않고 재료만 섞는 기법. 부드러운 칵테일을 만들 때 주로 쓰인다. 드라이 셰이킹으로 재료가 고루 섞이면 얼음을 넣고 좀 더 흔들어 음료를 차갑게 해 마무리한다.
예) 핑크 레이디 p.52, 라모스 진피즈 p.58

플로팅 Floating

재료를 층층이 쌓듯이 떠 있게 하는 기법이다. 재료의 밀도가 달라 금방 섞이지 않고 멋진 모양이 나온다. 플로팅을 할 때는 바스푼 끝을 글라스 안쪽 벽에 기울여서 대고 스푼 위로 재료를 조심스럽게 따라 글라스 안의 다른 재료와 섞이지 않게 한다.

머들링 Muddling

과일이나 허브를 으깨서 맛과 향을 더욱 높이는 기법이다. 모히토를 만들 때 민트와 라임을 으깨서 사용한다.

칵테일 베이스, 술 이야기

칵테일은 여러 재료를 섞어 마시는 술인데 그중 주재료로 많이 쓰이는 술을 기본주, 즉 베이스(Base Liquor)라고 한다. 칵테일의 베이스가 되는 술은 크게 나누어 양조주, 증류주, 혼성주가 있다.

술은 양조주, 증류주, 혼성주로 구분

술은 만드는 방법에 따라 크게 세 가지로 분류할 수 있다. 과일이나 곡물을 발효시켜 만든 것이 양조주, 양조주를 증류시켜 알코올 도수를 높인 것이 증류주, 증류주에 향미가 있는 재료들을 첨가해 맛과 향을 추가한 것이 혼성주다.

칵테일을 만들 때는 세 가지 술을 모두 사용한다. 증류주는 알코올 함량이 40% 이상이기 때문에 증류주를 베이스로 하는 칵테일은 도수가 높고 맛이 강한 편이다. 그에 비해 혼성주는 알코올 함량이 낮고 당도가 높아서 맛이 약간 달고 술맛도 약한 편이다.

양조주

가장 역사가 깊고 오랫동안 사랑받아 온 술로, 와인과 맥주 등이 여기에 속한다. 효모의 작용에 의해 발효시켜 만들어 원재료의 맛과 향이 살아 있는 것이 특징이다. 증류주에 비해 알코올 도수가 낮아 변질되기 쉽다는 단점도 있다.

증류주

스피릿(Spirit)이라고 하며, 양조주를 증류하거나 곡물, 과일 등을 발효시킨 뒤 증류시켜 만드는 술이다. 증류하는 과정에서 알코올이 추출되어 양조주보다 훨씬 높은 도수의 술이 만들어진다. 위스키, 브랜디, 진, 럼, 보드카, 소주 등이 증류주에 속한다.

IMPORTED

혼성주

리큐르(Liquor)라고 하며, 증류주에 당분, 과일, 꽃, 약초, 향료 등을 첨가해 만든 술이다. 첨가한 재료에 따라 맛과 향이 매우 다양하다. 유럽인들은 티타임이나 디저트 음료로 즐기기도 한다.

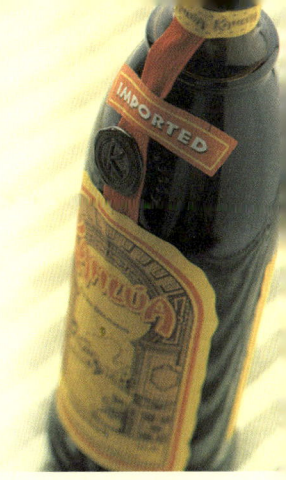

만드는 방법에 따른 술의 분류

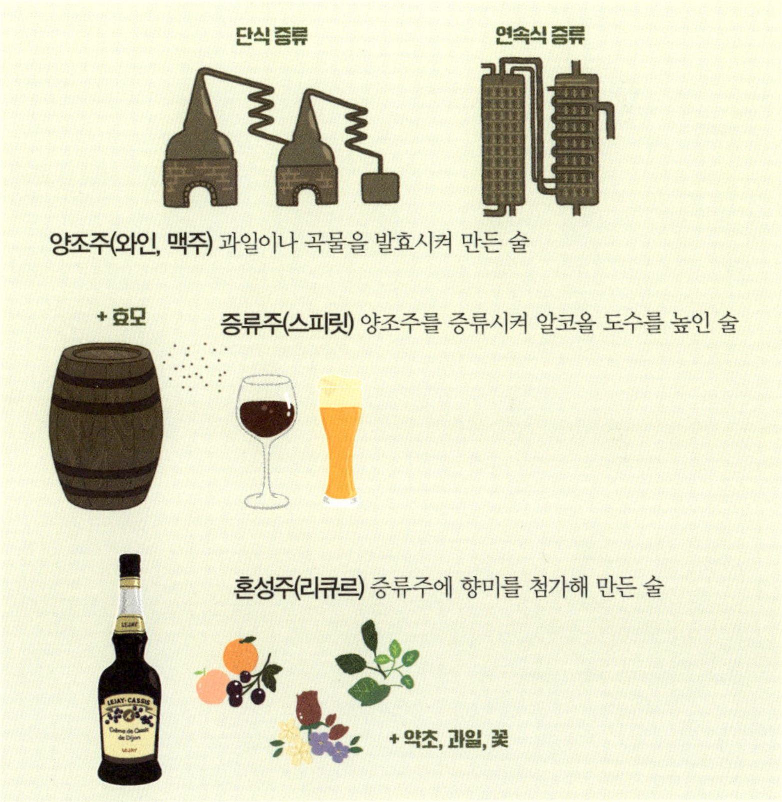
단식 증류
연속식 증류
양조주(와인, 맥주) 과일이나 곡물을 발효시켜 만든 술
+ 효모
증류주(스피릿) 양조주를 증류시켜 알코올 도수를 높인 술
혼성주(리큐르) 증류주에 향미를 첨가해 만든 술
LEJAY·CASSIS
+ 약초, 과일, 꽃

칵테일 베이스

진 GIN

무색투명하며 산뜻한 향이 나는 진은 곡물을 발효시켜 증류한 술이다. 송진 향과도 같은 독특한 향과 풍미가 특징이다. 깔끔하고 시원해서 탄산음료나 레몬, 라임 등과 잘 어울린다.

맛이 깔끔해 누구나 부담 없이 즐기는 술

진은 가격이 저렴하고 맛이 깔끔해 누구나 부담 없이 즐기는 술이다. 지금은 칵테일에서 없어서는 안 될 술이지만 원래는 약품으로 개발되었다. 17세기 중반 네덜란드 의사가 소나무과의 관목인 주니퍼베리를 알코올에 넣고 증류해서 이뇨제로 발명한 것이 시초다.

진은 17세기 후반에서 18세기에 이르면서 본토인 네덜란드보다 영국에서 더 큰 인기를 끌었고, 미국으로 건너가 칵테일 베이스로 널리 애용되면서 세계적인 술이 되었다.

진은 크게 네덜란드 진과 영국 드라이진으로 나뉜다.

영국의 드라이진은 원료인 곡류를 혼합해서 당화, 발효시킨 뒤 연속식 증류기로 증류한다. 증류 과정을 통해 알코올 90~95%의 순수한 곡물 주정이 얻어지면 여기에 각종 향료식물을 섞어 단식 증류기로 두 번째 증류를 한다.

네덜란드 진은 곡류의 발효액 속에 향료식물을 넣어 단식 증류기로만 2~3회 증류해서 55% 정도의 주정을 만들고, 여기에 증류수를 섞어 45% 정도까지 알코올 함량을 낮춘다. 전통적인 제조 방법을 고수해 짙은 향과 단맛이 나는 것이 특징이다.

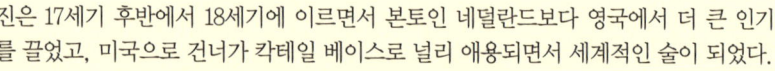

단식 증류 vs 연속식 증류

단식 증류(Pot Still) : 술을 커다란 단지 모양의 증류기에 넣고 증류하는 방식. 맛과 향의 손실이 적지만 대량 생산이 힘들어 가격이 높은 편이다.

연속식 증류(Column Still) : 술이 구불구불한 증류기 안을 통과하며 연속적으로 증류 과정을 거치기 때문에 대량 생산이 가능하지만, 술 특유의 맛과 향이 손실된다는 단점이 있다.

증류주(스피릿)

리니비니 추천!

비피터 Beefeater
도수 : 40%
용량 : 700mL

영국 근위병 모습이 상징인 대표적인 진 브랜드. 맛이 깔끔하고 시원하며 여러 가지 향이 적당히 균형 잡혀있는 것이 특징이다. 무난한 맛이어서 다양한 칵테일에 사용하기 좋다. 특히 마티니, 진토닉 등에 잘 어울린다.

탱커레이 Tanqueray
도수 : 47.3%
용량 : 700mL

진한 주니퍼베리의 향이 특징인 탱커레이는 4회 이상의 증류 과정을 거쳐 만들어진다. 오리지널 외에도 시트러스 향이 두드러진 탱커레이 넘버텐도 인기 있다. 맛이 섬세하면서도 산뜻하고 부드러워 마티니에 사용하기 좋다.

헨드릭스 Hendrick's
도수 : 44%
용량 : 700mL

정통 수작업으로 소량 생산되는 프리미엄 진. 맛이 부드럽고 허브, 오이, 장미, 감귤류의 껍질 등 여러 향이 섞여 풍부한 향미가 나는 것이 특징이다. 특히 오이를 넣는 진토닉에 가장 잘 어울린다.

칵테일 베이스

보드카 VODKA

러시아를 대표하는 술. 증류 후 20~30회 반복 여과해서 순도가 아주 높으며 무색, 무취가 특징이다. 추운 지방에서는 몸을 녹이기 위해 만들어 마시던 독주였는데 최근에는 세계 여러 나라에서 생산하고 있다.

시베리아를 녹이는 술, 보드카

러시아에서는 상류층부터 서민까지 누구나 즐기는 국민 술이 보드카다. 보드카는 14세기경 러시아에서 처음 제조된 뒤 유럽을 거쳐서 미국으로 옮겨갔다. 1917년 러시아 혁명을 피해 유럽으로 망명한 러시아인들이 보드카를 만들면서 유럽 전역에 보드카가 퍼지게 되었다. 이후 보드카는 미국으로 건너갔고, 1933년 미국에서 금주법이 폐지되고 칵테일이 유행처럼 번지면서 칵테일 베이스로 잘 어울리는 보드카의 수요가 급격히 증가했다.

보드카는 감자, 고구마, 보리, 밀, 옥수수 등의 원료를 연속 증류기로 증류한 다음 20~30회 반복 여과해서 만들었기 때문에 다른 술에 비해 도수가 높은 것이 특징이다.

과거에는 여과 과정에 자작나무 활성탄을 넣어 순도를 높이고 냄새를 제거했지만, 오늘날에는 연속 증류기에서 알코올 함량 95%의 술을 만들고, 이것을 물로 희석한 다음 다시 목탄으로 여과한다. 목탄, 즉 나무로 만든 숯은 냄새와 색깔을 흡착시키는 성질이 강하므로 알코올을 여과시키면 잡다한 맛과 냄새가 완전히 제거된다. 이렇게 해서 깨끗한 유리잔과 같이 무색투명한 보드카가 탄생하는 것이다.

보드카는 칵테일의 베이스뿐만 아니라 그 자체로도 충분히 매력적인 술이다. 집에서 보드카를 즐길 때 이것저것 넣지 말고 오렌지주스나 탄산음료를 보드카와 섞어 마시는 것도 좋다.

증류주(스피릿)

리니비니 추천!

앱솔루트 Absolut
도수 : 40%
용량 : 700mL

시중에서 쉽게 구할 수 있고, 보드카치고는 끝 맛이 순한 편이라 스트레이트로 마시기도 좋다. 플레인 외에도 라즈베리, 바닐라, 망고 등 종류가 다양하다. 보드카가 러시아의 술이라는 고정관념 때문에 러시아 브랜드라고 생각하기 쉽지만, 사실 앱솔루트는 스웨덴의 보드카 브랜드다.

스미노프 Smirnoff
도수 : 40%
용량 : 750mL

보드카 매출 세계 1위 브랜드. 3번의 증류 과정을 거치고 자작나무 활성탄을 사용해서 여과해서 순수하고 깨끗한 맛이 특징이다. 오리지널인 스미노프 레드를 비롯해 블랙, 그린애플, 오렌지, 라즈베리 등 다양한 종류가 있다.

그레이 구스 Grey Goose
도수 : 40%
용량 : 750mL

프랑스 코냑 지방에서 생산하는 부드럽고 깔끔한 맛의 프리미엄 보드카. 오리지널 외에 오렌지, 레몬, 배, 블랙체리 등 향미가 다양하다. 그레이 구스 라 푸아르(Grey Goose La Poire)는 은은한 단맛에 시원한 배 향이 더해져 음료와 섞지 않고 그냥 마셔도 맛이 좋다.

칵테일 베이스

럼 RUM

설탕을 제조할 때 생기는 부산물인 당밀을 발효시켜서 증류한 술. '뱃사람의 술'이라고도 불린다. 달콤한 향이 진하게 나고 맛이 거친 것이 특징이다. 제조법에 따라 라이트, 미디엄, 헤비로 나뉜다.

뱃사람들이 즐겨 마시던 강렬한 맛의 술

럼은 서인도제도를 비롯한 열대지방의 사탕수수로 처음 만들어진 술이다. 원래 당밀로 만드는 것이 정석이지만 나라마다 재료를 조금 달리해서 생산한다. 브라질에서는 사탕수수만을 사용해 럼을 만들고 자메이카에서는 증류할 때 나오는 폐액을 혼합해 독특한 향미의 럼을 생산한다. 산지나 증류 방법, 숙성법, 블렌딩 방식에 따라 도수와 향이 다른 것이 특징이다. 색깔도 무색투명한 것부터 짙은 갈색까지 증류주 중에서 가장 다양하다.

라이트 럼 (화이트 럼)	연속식 증류기로 증류한 뒤 숙성을 거치지 않고 마시는 럼. 오크통에 숙성하지 않아 색이 투명하고 맛과 향이 가벼운 편이다. 칵테일 베이스로 가장 많이 사용한다.
미디엄 럼 (골드 럼)	라이트 럼과 헤비 럼을 섞어 만든다. 색과 풍미는 라이트 럼과 헤비 럼의 중간 정도 된다.
헤비 럼 (다크 럼)	단식 증류기로 증류해 향과 단맛이 강하다. 3년 이상 숙성하기 때문에 진한 갈색을 띈다. 캐러멜을 섞어 색을 내는 경우도 있으니 주의해야 한다.

브라질의 국민 술, 카샤사 Cachaca

사탕수수 즙을 발효해 만드는 증류주로 브라질에서 가장 대중적인 술이다. 달콤하고 진한 향에 조금 인위적인 과일 향이 나는 것이 특징. 숙성 여부에 따라 숙성 과정을 거치지 않는 '화이트 카샤사'와 12개월 이상 나무통에서 숙성시킨 '골드 카샤사'가 있다. 주로 카이피리냐를 만드는 데 사용한다.

증류주(스피릿)

리니비니 추천!

하바나 클럽 3년
Havana Club Anejo 3
도수 : 40%
용량 : 700mL

쿠바의 사탕수수 당밀을 발효시키고 증류해서 만든 쿠바산 럼. 아네호(Anejo)는 오크통에서 1년 이상 숙성한 종류를 가르킨다. 아네호 3은 화이트 오크통에서 3년 숙성한 제품. 가볍고 부드러워 모히토나 다이키리의 베이스로 잘 어울린다. 3년 외에 7년, 15년 등도 있다.

레헨다리오 론 아네호
Legendario Ron Anejo
도수 : 40%
용량 : 700mL

쿠바산 다크 럼으로 진하고 달콤한 캐러멜 향과 스모키한 향이 특징이다. 칵테일 베이스로 쓰면 독특한 풍미를 낸다. 상온에서 스트레이트 혹은 온더록 스타일로 마셔도 좋다. 레헨다리오의 대표 술로는 골드 럼인 리헨다리오 론 도라도와 다크 럼인 엘리시르 데 쿠바, 화이트 럼인 리헨다리오 아네호 블랑코가 있다.

바카디 카르타 블랑카
Bacardi Carta Blanca
도수 : 40%
용량 : 750mL

바카디는 럼은 물론 증류주를 통틀어 전 세계에서 가장 많이 생산되는 술이다. 바카디 카르타 블랑카는 슈페리어라고도 불리며, 무색투명하고 깔끔한 맛이 특징이다. 그밖에 골드 럼인 카르타 오로(Carta Oro), 다크 럼인 카르타 네그래(Carta Negra)가 있고, 프리미엄 라인으로 리제르바가 있다.

칵테일 베이스

테킬라 TEQUILA

용설란의 수액을 증류해 특유의 향이 있는 멕시코 전통주. 독특한 향이 있어 스트레이트로 많이 마시지만, 다양한 부재료를 넣어 독특한 풍미의 칵테일을 만들기도 한다. 마가리타, 테킬라 선라이즈 등이 대표적인 테킬라 베이스 칵테일이다.

남미에서 태어난 정열의 상징

다육 식물인 용설란의 수액을 채취해 두면 하얗고 걸쭉한 '풀케'라는 탁주가 되는데, 이것을 증류한 것이 바로 테킬라다. '테킬라'는 멕시코의 할리스코주 인디언 마을 이름에서 유래했다. 예로부터 인디언들은 사막에서 자라는 용설란을 발효시켜 술을 빚었다고 한다.

16세기 멕시코를 지배하던 스페인이 유럽에서 증류 기술을 들여오면서 지금의 증류주 형태인 테킬라가 생산되기 시작했다. 이후 안토니오 쿠에르보가 스페인 왕 카를로스 4세로부터 테킬라를 상업용으로 생산해도 좋다는 허가를 받아 널리 퍼지게 되었다.

테킬라는 1968년 멕시코 올림픽 이후 세계적으로 유명해졌다. 테킬라는 숙성기간에 따라 블랑코, 레포사도, 아네호 3등급으로 나뉜다. 호세 쿠에르보, 1800, 페페 로페즈 등이 대표적인 브랜드다.

블랑코	증류 후 바로 병입하거나 짧게 숙성한다.	무색투명하며 정제되지 않은 거친 맛이 강하다. 실버 테킬라라고도 불리며 칵테일 베이스로 많이 사용된다.
레포사도	증류 후 오크통에서 2개월 이상 숙성한다.	블랑코 등급보다 맛이 부드럽고 옅은 금색을 띈다. 골드 테킬라라고도 불린다.
아네호	증류 후 오크통에서 1년 이상 숙성한다.	숙성되는 동안 색이 점점 짙어져 황금빛을 띠며, 향이 풍부하고 맛이 부드럽다.

증류주(스피릿)

테킬라 스트레이트로 마시기

테킬라를 스트레이트로 마실 때는 독특한 방법이 있다. 주먹 쥔 손에 레몬즙을 문지르고 소금을 뿌린 다음, 소금을 혀로 핥아 맛이 입에서 퍼지는 순간 테킬라를 '원샷'으로 마시고 레몬이나 라임 조각을 베어 문다. 커피가루나 설탕을 함께 먹기도 한다.

리니비니 추천!

1800 레포사도
1800 Reposado
도수 : 38%
용량 : 750mL

블루 아가베로 만든 프리미엄 테킬라로 6개월 이상 숙성한 제품이다. 맛이 가볍고 부드러우며 테킬라 특유의 독한 맛이 덜하다. 스트레이트 스타일은 물론 칵테일 베이스로도 좋다.

페트론 실버
Patron Silver
도수 : 40%
용량 : 750mL

증류 후 숙성기간을 거치지 않는 블랑코 등급의 실버 테킬라. 순수 증류주인 만큼 아가베 자체의 맛을 느낄 수 있다. 테킬라 특유의 거친 맛은 분명 있지만 부드럽고 향이 좋다.

호세 쿠에르보 에스페샬
Hose Cuervo Especial
도수 : 38%
용량 : 700mL

세계적으로 널리 알려진 테킬라 브랜드. 멕시코에서 테킬라를 처음 상업 생산한 창업자 안토니오 쿠에르보의 이름에서 따왔다. 맛이 깔끔하면서 풀 향이 난다.

칵테일 베이스

위스키 WHISKY

켈트어로 '생명의 물'을 뜻하는 위스키는 곡물이나 감자를 발효한 뒤 증류·숙성시킨 술이다. 오크통에서 수년간 숙성시켜 독특한 맛과 향을 지닌다. 도수가 높은 편이며, 깊은 풍미가 있어 묵직한 맛이 나는 칵테일의 베이스로 쓰인다.

세기의 명주, 위스키

위스키는 보리, 호밀, 밀, 옥수수 등 곡물의 싹을 내거나 갈아서 발효한 다음 증류시키고, 여기서 얻은 무색투명한 술을 나무통에 넣어 오랫동안 숙성시켜 만든다. 숙성기간 중 나무통의 성분이 우러나 색이 황금빛으로 변하고 향미도 좋아진다.

위스키는 재료와 만드는 방식에 따라 싱글몰트 위스키와 블렌디드 위스키로 나뉜다. 싱글몰트 위스키는 한 가지 곡류를 하나의 증류소에서 단식 증류 방식으로 증류한 위스키를 말한다. 다른 증류소에서 만들어진 위스키와 섞지 않기 때문에 맛의 특징이 뚜렷하다.

블렌디드 위스키는 여러 증류소에서 만들어진 위스키를 혼합해 만드는 위스키다. 주로 연속식 증류 방식을 사용해 만든다. 풍미는 싱글몰트보다 떨어지지만 값이 저렴하다는 장점이 있다.

세계적으로 유명한 위스키

발렌타인 Ballantine

사람들이 가장 많이 찾는 고급 위스키. 숙성기간에 따라 제품이 다양한데 17년산이 세계 판매 1위를 자랑하는 대표 위스키로 꼽힌다. 숙성기간이 길수록 오크 향이 더해져 풍부한 맛이 난다. 파이니스트(약 6년), 골드 실(12년 이상), 17년산, 21년산, 30년산 등이 대표적이다.

로얄 살루트 Royal Salute

'왕에게 바치는 예포'라는 독특한 이름을 갖고 있는 명품 위스키. 영국의 엘리자베스 2세 여왕의 대관식에 21년 숙성시킨 로얄 살루트를 21발의 예포와 함께 바친 것으로 유명하다. 21년산이 인기인데, 부드럽고 달콤한 바닐라 향, 셰리 향이 특징이다.

증류주(스피릿)

조니 워커   짐 빔   잭 다니엘   글렌피딕   라프로익   와일드 터키

조니 워커 Johnnie Walker

세계적으로 유명한 대표적인 스카치위스키. 연도 표기 대신 라벨의 색으로 등급을 구별하는 것이 특징. 최근에는 연도를 함께 표기하고 있다. 레드 라벨(6년산), 블랙(12년산), 스윙(15년산), 골드(18년산), 블루(21년산)로 구분된다. 스모키하면서 짙고 강한 풍미가 있는 조니 워커 더블 블랙이 인기 있다.

짐 빔 Jim Beam

미국 켄터키 주 버번 카운티에서 생산되는 위스키. 전 세계 버번위스키 중에서 가장 많이 팔린다. 숙성 전에 여과 과정을 거치지 않는 것이 특징. 숙성기간에 따라 화이트(4년), 블랙(8년)으로 나뉘며, 블랙은 화이트에 비해 도수가 3% 높아 맛이 강하다.

잭 다니엘 Jack Daniel

테네시 위스키로 분류되는 미국을 대표하는 고급 위스키. 테네시 고지에서 생산되는 사탕단풍나무 목탄으로 여과해서 숙성시켜서 맛이 부드럽고 달콤하다. 싱글 배럴과 올드 넘버 7, 젠틀맨 잭 등이 있다.

글렌피딕 Glenfiddich

대표적인 스카치위스키이자 가장 순수한 싱글몰트 위스키로 알려져 있다. 1887년 빅토리아 여왕의 즉위 50주년을 기념하여 그해 성탄절에 첫선을 보였다. 싱글몰트 위스키 특유의 강하고 쏘는 듯한 맛을 지니고 있지만 부드러운 맛도 느껴진다.

라프로익 Laphroaig

게일어로 '넓은 해변의 아름다운 습지'라는 뜻. 스코틀랜드 아일라섬의 위스키답게 드라이하고 토탄(peat)과 훈연 향이 강하다. 약간의 짠맛과 함께 강렬하면서도 깔끔한 맛이 특징이다. 특유의 맛과 향 때문에 호불호가 갈린다.

와일드 터키 Wild Turkey

50.5%의 높은 알코올 함량으로 유명한 버번위스키. 미국 오스틴 니콜즈 사의 제품으로 1855년 사우스 캐롤라이나주에서 매년 시행되는 야생 칠면조 사냥을 기념하기 위하여 생산하기 시작했다. 회사명이 라벨 위쪽에 크게 적혀 있어 '오스틴 니콜즈'라고 불리기도 한다.

칵테일 베이스

리니비니 추천!

요즘 뜨는 싱글몰트 위스키

달모어 12년산
Dalmore 12 years
도수 : 40%
용량 : 700mL

'넓은 목초지'라는 이름의 싱글몰트 위스키. 버번 오크통에서 숙성된 원액 50%와 셰리 오크통에서 숙성된 원액 50%를 블렌딩한 후 다시 셰리통에서 추가 숙성시켜 만든다. 오렌지 마멀레이드같이 달콤하고 진한 맛에 풍부한 과일 향이 특징이다.

글렌리벳 12년산
The Glenlivet 12 years
도수 : 40%
용량 : 700mL

첫 번째로 싱글몰트 라이선스를 얻은 위스키. 부드러운 바닐라와 꿀 향, 고소한 시리얼과 견과류 향에 약간의 스파이시한 맛이 곁들여진 맛이다. 온더록으로 마시면 그냥 마시는 것보다 부드럽고 달콤하게 즐길 수 있다.

카오 일라 12년산
Caol Ila 12 years
도수 : 43%
용량 : 700mL

아일라 위스키의 특징을 적당히 느낄 수 있는 위스키. 스코틀랜드 아일라섬에서 생산되는 아일라 위스키는 몰트를 건조할 때 토탄(Peat)을 사용해 독특한 향을 지닌다. 강한 향에 비해 맛은 산뜻하고 부드러운 편이다.

증류주(스피릿)

위스키 제대로 즐기기

1 내 입맛에 맞는 위스키 찾기

위스키는 국가, 원료, 증류 방법, 숙성에 사용하는 오크통의 종류 등에 따라 아주 다양하다. 구매하기 전 국가별로 대표적인 위스키들과 그 특징을 찾아본다. 위스키마다 개성이 다르니 향이나 맛, 가격을 알아보는 것이 좋다.

2 어울리는 안주 준비하기

치즈와 크래커, 과일, 초콜릿, 프로슈토, 견과류, 회 등이 어울린다. 치즈는 고다, 에멘탈 등이 좋고 과일은 무화과, 사과, 멜론 등이 좋다. 초콜릿은 단맛이 강한 것보다는 다크 초콜릿을 추천한다. 향이 진한 위스키는 생선회 등을 곁들여도 좋다. 특히 굴과 아주 잘 어울린다.

3 스트레이트로 마시기

아무것도 섞지 않고 위스키를 바로 마시는 방법. 위스키의 순수한 맛을 그대로 즐길 수 있다. 호리병 모양의 위스키 전용 잔을 사용해도 좋고, 올드패션드 글라스를 사용해도 좋다.

4 온더락으로 마시기

스트레이트가 부담스럽다면 잔에 얼음을 담아 조금씩 희석해가며 마셔본다.

5 하이볼로 마시기

탄산음료를 더해 좀 더 시원하고 부담 없이 마시는 방법이다. 향이 약해진 오래된 위스키나 그냥 마시기에는 술맛이 너무 강한 위스키를 활용하면 좋다.

칵테일 베이스

브랜디 BRANDY

포도 또는 다른 과일을 발효시킨 뒤 증류해 만드는 고급 증류주다. 생산 지역에 따라 맛이 약간 다르다. 서유럽의 브랜디는 과실의 향이 두드러지고 동유럽의 브랜디는 오크통에서 숙성시켜 중후한 맛이 난다. 주로 풍부한 향에 묵직한 맛을 내는 칵테일 베이스로 쓰인다.

코냑으로 대표되는 고급 증류주

브랜디는 원래 '불에 태운 와인'이라는 뜻으로, 와인을 증류·숙성시킨 술을 말한다. 17세기 프랑스의 코냑 지방에서 수출용 와인의 운반량을 조금이라도 줄여보고자 와인을 증류했는데, 이렇게 해서 탄생한 것이 바로 브랜디다. 브랜디는 와인의 발효가 끝나는 시점에서 증류시킨 뒤 오크통에 넣어 숙성시킨다. 숙성기간 동안 오크통의 색과 향이 술에 스며들어 새로운 맛과 향을 띠게 된다.

지금의 브랜디는 과일을 발효시켜 증류한 술을 말하지만, 포도로 만든 것이 질이 가장 우수하고 많이 생산되기 때문에 일반적으로 브랜디라고 하면 포도 브랜디를 가리킨다. 다른 과일을 재료로 사용한 것에는 애플 브랜디처럼 과실 이름을 앞에 붙이거나 키르슈(앵두로 만든 브랜디), 미라벨(서양배로 만든 브랜디) 등 전혀 다른 이름으로 부르기도 한다.

헤네시   레미 마틴   카뮈   쿠르봐지에   마르텔

# 증류주(스피릿)

세계적으로 유명한 브랜디

헤네시 Hennessy
프랑스 코냑을 대표하는 브랜드로 부드럽고 여성적인 맛이 특징이다. 자체 증류 규정을 두고 우수한 오드비(브랜디 원액)만을 사용해 제조한다. 숙성 기간이 오래 된 코냑일수록 맛과 향이 풍부하며 부드럽게 느껴지고 가격 또한 그에 비례해 비싸진다. VO(5년), VSOP(10년 이상), XO(20년 이상), 엑스트라(30년 이상)로 구분된다.

레미 마틴 Remy Martin
헤네시에 비해 강한 남성의 이미지가 강한 코냑. 레미 마틴의 심벌은 그리스 신화에 나오는 반인반수의 '센토'다. 풍부한 과일향과 은은한 단맛이 특징이다. V.S.O.P(5년 이상), 나폴레옹(10년 이상), X.O.(25년 이상), 엑스트라(50년 이상)로 나뉜다.

카뮈 Camus
대중적인 인기가 높은 코냑 브랜드. 우리나라에서는 헤네시, 레미 마틴과 함께 3대 인기 코냑으로 팔린다. 과일 향과 함께 꽃 향이 어우러져 부드러우면서도 우아한 맛이 나 애주가들에게 인기 있다. 3스타급(5년 이상), V.S.O.P.(10년산), 나폴레옹(15년산), X.O.(20년산)로 나뉜다.

쿠르봐지에 Courvoisier
나폴레옹이 즐겨 마시던 코냑으로 헤네시, 마르텔과 함께 코냑 3대 브랜드다. 증류 원액을 구입해 숙성시키고 블렌딩하는 방식으로 코냑을 제작한다. 산뜻하면서도 중후한 맛이 특징이다.
V.S.급(5년 이상), V.S.O.P.(10년 이상), 나폴레옹(15년 이상), X.O.급(20년 이상), 엑스트라급(50년산)으로 나뉜다.

마르텔 Martell
코냑 메이커 중 가장 큰 포도농장과 증류소를 소유하고 있는 3대 코냑 메이커이다. 생산하는 모든 제품은 리무진 오크통에서 숙성시켜 타닌 성분이 비교적으며 강하고 자극적인 맛이 특징이다. V.S., V.S.O.P., 코르동 느와르 나폴레옹(Cordon Noir Napoleon), 코르동 블루(Cordon Bleu), 코르동 아르겐트 엑스트라(Cordon Argent, Extra)로 나뉜다.

칵테일 베이스

리큐르는 증류주나 양조주에 과일이나 허브, 커피, 유제품 등을 넣어 향미를 더한 술이다. 당류와 색소를 첨가하는 경우가 많아 맛이 달고 색이 화려하다는 특징이 있다. 칵테일 베이스는 물론 부재료로 두루 사용할 수 있다.

맛이 깔끔해 누구나 부담 없이 즐기는 술

중세의 연금술사인 아르누드 빌누브와 그의 제자가 증류주에 약초나 향료를 넣어서 '생명의 물'을 만들려다가 술을 만들게 되었는데 이것이 리큐르의 시초다. 당시에는 증류주에 장미나 레몬 또는 오렌지의 꽃, 향료 등을 넣고 만들어 이뇨 작용이나 자양 강장에 효과가 있는 의약품으로 사용되었다.

이후 각 지방의 수도사들을 중심으로 약용 목적의 특색 있는 리큐르들이 생산되다가 18세기부터 부드러운 과일 향미를 지닌 단맛의 리큐르가 대거 등장했다. 특히 19세기 후반에 개발된 연속식 증류기로 인해 고농도의 알코올을 원료로 한 고품질의 리큐르가 생산되었다. 맛과 들어가는 재료에 따라 허브 및 향신류, 과일류, 너트류 등으로 나눌 수 있다.

압생트　베르무트　캄파리　베네딕틴 디오엠　드람뷔　갈리아노

혼성주(리큐르)

원재료에 따라 구분되는 대표적인 리큐르

허브 및 향신료

압생트 Absinthe
오팔색을 띠며 감초 비슷한 맛이 나는 리큐르. '녹색의 마주'라고도 한다. 햇빛 쐬면 일곱가지 색으로 빛나며 물을 가하면 오팔 모양이 된다. 국화, 향쑥, 안젤리카, 육계, 회향 풀, 정향나무, 파슬리, 레몬 등의 허브나 향신료가 주원료.

베르무트 Vermouth
35여 종의 향초와 약초의 꽃과 잎, 씨와 뿌리를 배합해서 화이트와인에 넣고 수개월 동안 숙성시켜 만드는 술. 단맛이 있는 스위트 베르무트와 단맛이 없는 드라이 베르무트로 나뉜다.

캄파리 Campari
이탈리아의 국민주. 각종 식물의 뿌리, 씨, 껍질 등 70여 가지의 재료로 만들어지며 제조기간은 45일가량 걸린다. 종류로는 쓴맛이 나는 비터(Bitter) 캄파리와 단맛의 코디얼(Codial) 캄파리가 있다.

베네딕틴 디오엠 Benedictine D.O.M
프랑스에서 가장 오래된 리큐르 중 하나. 호박색을 띠며, 안젤리카를 주 향료로 하여 약초, 주니퍼베리, 시나몬, 넛멕, 바닐라, 레몬 껍질, 벌꿀 등 27여 종의 약초를 사용해 만든다.

드람뷔 Drambuie
스코틀랜드의 유명 리큐르. 15년 이상 숙성된 몰트위스키에 꿀과 허브를 첨가해 만들어 암갈색을 띤다. 어원은 고대 스코틀랜드어인 'Dram Buid Heach'로 '사람을 만족시키는 음료'라는 뜻이다.

갈리아노 Galliano
이탈리아 갈리아노 소령의 업적을 기리기 위해 만들어진 술. 알프스와 지중해의 열대지방에서 생산되는 오렌지와 아니스, 바닐라 등 각종 허브 40여 종을 95% 정도의 순수 알코올에 담고 일부는 증류해 설탕, 착색료, 물을 섞어 블렌딩한 뒤 단시간 숙성해 만든다.

칵테일 베이스

큐라소   카시스 리큐르   멜론 리큐르   피치 리큐르   트리플 섹   체리 브랜디

과일류

큐라소 Curacao
네덜란드 큐라소섬에서 재배되는 오렌지를 원료로 해서 만든 것이 원조. 오렌지 껍질을 건조시킨 것과 스파이스 종류를 브랜디나 그 밖의 증류주에 담가 감미를 더해 만든다.

카시스 리큐르 Cassis Liqueur
카시스 베리를 증류주에 담가 만든 리큐르. 풍부한 베리 향이 특징이다. 단맛이 강하게 나고 약간의 신맛도 있다. 프랑스 부르고뉴 지방의 디종이 본고장으로 색이 짙고 탁한 붉은색이 난다.

멜론 리큐르 Melon Liqueur
달콤한 멜론 맛과 향이 나는 진한 연두색 리큐르. 가장 유명한 것은 일본 산토리사의 미도리가 있다. 미도리 샤워, 준 벅 등의 칵테일을 만들 때 사용한다.

피치 리큐르 Peach Liqueur
알코올 함량이 낮고 복숭아 특유의 새콤달콤한 향이 강해 피치 크러시, 퍼지 네이블 등 칵테일 베이스로 많이 쓰인다. 디카이퍼사의 피치 트리가 가장 유명하다.

트리플 섹 Triple Sec
오렌지 껍질을 담가두었던 브랜디 원액을 증류해 만드는 리큐르의 일종. 알코올 함량은 40% 정도로 오렌지 향이 진하고 단맛이 난다. 가장 유명한 것은 쿠앵트로(Cointreau).

체리 브랜디 Cherry Brandy
체리에 브랜디를 채워 계피, 정향 등의 향신료와 함께 40일 정도 담가 만들거나 체리를 으깨어 발효시킨 것을 증류해서 만드는 리큐르. 볼스의 체리 브랜디가 유명하다.

혼성주(리큐르)

깔루아 　 아마레토 　 베일리스 　 크렘 드 카카오 　 앙고스투라 비터

종자 및 너트류

깔루아 Kahlua
멕시코산 커피를 주원료로 코코아, 바닐라 향을 첨가해서 만든 리큐르. 커피 원두와 사탕수수로 만든 증류주에 바닐라와 캐러멜을 더해 진하고 달콤한 커피 맛이 난다.

아마레토 Amaretto
아몬드 향이 나는 달콤한 리큐르. 살구나 아몬드의 씨를 물과 함께 증류한 다음 향초 추출액과 알코올을 혼합·숙성시켜 시럽을 첨가해 만든다.

기타

베일리스 Bailey's
크림류 리큐르로 아이리시 위스키에 크림과 초콜릿이 더해져 달콤하고 부드러운 맛이 특징이다. 베일리스 밀크 같은 칵테일의 베이스로 쓰이거나 얼음 넣은 잔에 부어 온더록으로 즐긴다.

크렘 드 카카오 Creme de Cacao
대표적인 크림류 리큐르. 카카오를 주원료로 해서 카르다몬이나 계피, 바닐라콩을 사용해서 만든다. 크렘 드 민트, 크렘 드 카시스 등도 있다.

앙고스투라 비터 Angostura Bitter
쓴맛이 나는 비터스(Bitters) 리큐르의 일종으로 럼을 기본으로 다양한 약초, 향료를 배합한 술을 말한다. 향이 풍부하고 강렬해 칵테일에서 5~6방울씩만 쓴다.

칵테일 베이스

와인 WINE

잘 익은 포도를 발효, 숙성시킨 와인은 단맛, 쓴맛, 신맛, 떫은맛이 조화롭게 느껴져서 '신의 물방울'이라고 불린다. 칵테일 베이스로 쓰일 땐 리큐르나 과일주스 등 다른 부재료와 어울려 산뜻한 맛의 칵테일을 만들 수 있다.

눈으로 즐기고 코로 취하고 입으로 음미하는 와인

와인은 색깔과 맛, 성격에 따라 구분된다. 대표적인 것이 색깔로 구분하는 것인데 레드와인, 화이트와인, 로제와인으로 나뉜다.

레드와인은 적포도의 씨와 껍질을 그대로 함께 넣어 발효시켜 붉은빛을 띠고 떫은맛이 난다. 알코올 함량은 12~14% 정도이며 상온에서 마셔야 제맛이 난다.

화이트와인은 잘 익은 백포도를 압착해 만들어 물처럼 투명한 것에서부터 엷은 노란색, 연초록색, 호박색을 띠는 등 색이 다양하다. 맛이 순하고 상큼하며 알코올 함량은 10~13% 정도. 마실 때는 8℃ 정도로 차게 해서 마시는 것이 좋지만 지나치게 차면 산과 향 성분에 영향을 주어 제맛을 느낄 수 없다.

옅은 붉은색을 띠는 로제와인은 레드와인과 제조과정이 비슷하다. 다만 오래 숙성하지 않고 보존 기간이 짧은 것이 특징이다. 색깔은 화이트와인과 레드와인의 중간이지만 맛으로 보면 화이트와인에 가깝다.

그밖에 맛에 따라 스위트 와인·드라이 와인·미디엄 드라이 와인으로 나누고, 알코올을 첨가했느냐 아니냐에 따라 포티파이드 와인과 언포티파이드 와인으로 나눈다. 탄산가스가 들어간 스파클링 와인, 수확 철이 지나 당도가 높아진 포도로 만드는 아이스바인도 있다.

양조주

맥주 BEER

맥주는 보리 맥아와 호프, 물을 발효시켜 만드는 술로 양조주로 가장 대중적인 알코올음료 중 하나다. 톡 쏘는 탄산과 쌉싸름한 맛이 있어 과일주스나 리큐르 등과 섞으면 독특한 맛의 칵테일을 만들 수 있다.

청량하고 쌉싸름한 맛으로 사랑받는 맥주

기원전 4,200년 바빌로니아의 수메르인은 보리에 물을 섞어 빵을 만들었는데 이때 빵의 이스트가 자연 발효되면서 오늘날 맥주의 시초가 되었다. 단백질, 당질, 미네랄, 비타민 B군 등의 다양한 영양소가 들어있어 '액체로 된 빵'이라고도 불린다. 알코올 함량이 4% 정도로 낮고 청량한 맛이 있어 오늘날 전 세계에서 가장 대중적으로 사랑받는 술이 되었다.

발효시키는 방법에 따라 상면 발효, 하면 발효, 자연 발효로 나눌 수 있다.

상면 발효	15~24℃에서 발효시킨다. 발효될 때 효모가 맥주 표면 위로 떠 상면 발효 맥주라고 한다.	에일, 스타우트, 바이스비어 등
하면 발효	10℃ 정도에서 발효시킨다. 발효될 때 효모가 맥주 바닥에 가라앉는다. 황금색을 띠며 풍부한 탄산과 청량감이 특징이다.	라거, 필스너, 둥켈 등
자연 발효	인공적으로 배양한 효모를 넣지 않고 대기 중에 떠도는 자연 균체를 이용해 발효시키는 방법.	람빅

칵테일 부재료

탄산음료·소다수

콜라, 토닉워터, 진저에일 등 탄산가스가 함유된 음료. 증류주와 섞어 맛과 청량감을 더하고 알코올 함량을 희석하는 역할을 한다.

과일주스

레몬·라임·오렌지·파인애플·크랜베리주스를 주로 사용한다. 시판 과일주스를 사용해도 되지만 과일즙을 내서 넣으면 더 맛있다.

과일

맛내기나 장식용으로 쓰인다. 레몬, 라임 등 감귤류를 슬라이스하거나 껍질을 모양내 썰어 장식하면 상큼한 맛을 더할 수 있다. 마라스키노 체리나 올리브 등도 장식용으로 자주 쓰인다.

시럽류

설탕과 물을 섞어 끓인 후 당밀이나 과즙으로 맛을 낸다. 그레나딘 시럽, 플레인 시럽, 검 시럽, 라즈베리 시럽, 메이플 시럽 등이 있다.

허브·스파이스

페퍼민트, 애플민트 같은 허브부터 정향, 시나몬 파우더나 파우더 같은 스파이스가 자주 쓰인다. 소량만 넣어도 칵테일의 풍미를 높인다.

비터스

향신료의 역할을 하는 리큐르의 일종. 각종 허브나 과일, 나무껍질 등 다양한 맛이 응축되어 있으며 알코올 함량이 높다. 자주 쓰는 것으로는 앙고스투라 비터스, 오렌지 비터스등이 있다.

우유

칵테일에 부드럽게 하고 고소한 풍미를 더하는 역할을 한다. 베일리스나 깔루아 등 달콤하고 부드러운 맛의 리큐르와 잘 어울린다.

달걀

칵테일의 풍미를 높이고 목넘김을 부드럽게 한다. 다만 술과 잘 섞이지 않기 때문에 드라이 셰이킹 기법(p.15)을 사용해 만들기도 한다.

칵테일 글라스

올드패션드 글라스

올드패션드 칵테일을 비롯해 얼음과 술만 넣는 온더록 스타일의 칵테일에서 쓰인다. 용량은 180~240mL 정도.

마티니 글라스

가장 대표적인 칵테일 글라스로 역삼각형 모양이 표준이나 여러 가지 형태로 변형된 것이 많다. 잔의 다리가 길어 칵테일이 손의 온기로 인해 미지근해지는 것을 방지한다.

콜린스 글라스

길쭉한 형태의 잔으로 다양한 롱드링크 레시피에 사용된다. 용량은 300~360mL

와인 글라스

와인을 낼 때 사용되는 글라스. 잔의 용량은 레드와인은 120~240mL, 화이트와인은 150mL 정도. 레드와인 글라스가 화이트와인 글라스에 비해 용량이 큰 편이다.

마가리타 글라스

가장자리가 넓은 잔으로 잔의 가장자리에 설탕이나 소금을 입히는 칵테일에 주로 쓰인다. 마티니 글라스처럼 다리가 길지만 2단으로 올록볼록한 모양인 경우가 많다.

허리케인 글라스

샴페인이나 열대성 칵테일에 주로 사용하는 글라스로 용량은 300mL이다. 색이 화려한 트로피컬 칵테일, 펀치, 프로즌 스타일의 칵테일에 주로 사용한다.

필스너 글라스

보디가 길고 잔의 허리가 잘록한 형태의 잔으로 롱드링크 칵테일이나 맥주, 청량음료를 마실 때 사용한다. 용량은 180~300mL 정도.

사워 글라스

위스키 사워 등의 사워 종류 칵테일을 제공할 때 사용한다. 용량은 120~180mL.

모히토, 피치 크러시 등 달콤하고 가벼운 칵테일부터 마티니, 맨해튼처럼 쌉쌀하지만 매력적인 칵테일까지. 수많은 칵테일 중 누구나 맛있게 마실 수 있고 만들기도 쉬운 85가지 칵테일 레시피를 소개할게요. 함께 내는 음식이나 상황에 따라 어울리는 칵테일을 골라 만들어보세요.

Part 2

베이스별
칵테일 레시피

진 베이스
Gin Base

드라이 마티니
진토닉
진 & 바질 스매시
브램블
핑크 레이디
에비에이션
클로버 클럽
라모스 진피즈
라즈베리 진피즈
진 그린티
로지
바이올렛

드라이 마티니
Dry Martini

칵테일의 왕이라고 불리는 마티니. 쓴맛이 강하지만 향긋하고 깔끔해 오랫동안 사랑받는 칵테일이에요. 드라이 베르무트 대신 스위트 베르무트를 넣으면 달콤한 마티니를 만들 수 있어요.

도수 30% | **맛** Bitter | **기법** Stirring

드라이 베르무트 20mL
진 60mL
올리브

Ingredient

진 60mL
드라이 베르무트 20mL
올리브 1개

1 믹싱 글라스에 얼음, 진, 드라이 베르무트를 넣고 바스푼으로 가볍게 젓는다.
2 스트레이너를 이용해 잔에 따르고 올리브를 칵테일 픽에 꽂아 장식한다.

색다른 맛의 **더티 마티니** Dirty Martini

더티 마티니는 드라이 마티니에 으깬 올리브나 올리브 통조림 절임물을 넣은 칵테일이에요. 올리브의 기름지고 짭짤한 맛이 더해져 독특한 맛을 낸답니다. 진 60mL, 드라이 베르무트 15mL, 올리브 통조림 절임물 10mL를 넣고 저어 만들어요. 올리브 통조림 절임물 양은 기호에 따라 조절하세요.

진토닉
Gin & Tonic

청량하고 산뜻한 맛이 나는 진토닉이에요.
진과 토닉워터의 간단한 조합이지만 진의 종류와 가니시를 바꿔 여러 가지 맛으로 응용할 수 있어요.

도수 10% **맛** Refresh **기법** Building

토닉워터 90mL

진 30mL

Ingredient

진 30mL
토닉워터 90mL
레몬 슬라이스 적당량

1 얼음을 채운 잔에 진과 토닉워터를 넣고 바스푼으로 가볍게 젓는다.
2 레몬 슬라이스를 올려 장식한다.

tip
깔끔하고 시원한 맛을 원한다면 오이 가니시에 단맛이 적은 토닉워터를 사용하는 게 좋아요.

진 & 바질 스매시

Gin & Basil Smash

진에 바질의 향긋함이 더해져 독특하고 깔끔한 맛을 내는 칵테일이에요.
진이나 라임주스 맛에 바질 향이 묻히지 않게 바질을 듬뿍 넣고 으깨야 맛있어요.

도수
10%

맛
Refresh

기법
Shaking

시럽 22.5mL
라임주스 22.5mL
바질 10장
진 45mL

Ingredient

진 45mL
라임주스 22.5mL
시럽 22.5mL
바질 10장

1 셰이커에 바질, 라임주스, 시럽을 넣고 칵테일 머들러로 가볍게 으깬다.

2 ①에 진과 얼음을 넣고 고루 흔든 뒤 얼음 채운 잔에 따른다. 잔에 따를 때 더블 스트레이너를 사용하면 으깬 바질을 말끔하게 거를 수 있다.

3 바질을 올려 장식한다.

브램블
Bramble

블랙베리 리큐르의 달콤함과 레몬의 상큼한 맛이 더해진 브램블. 새콤달콤해 가볍게 마시기 좋아요. 블랙베리 리큐르 대신 샴보드나 카시스로 만들어도 맛있어요.

도수	맛	기법
17%	Sweet	Building

레몬주스 20mL
시럽 15mL
진 30mL
블랙베리 리큐르 30mL

Ingredient

진 30mL
블랙베리 리큐르 30mL
레몬주스 20mL
시럽 15mL
자몽 필 적당량

1 얼음을 채운 잔에 진과 레몬주스, 시럽을 넣고 바스푼으로 젓는다.

2 블랙베리 리큐르를 천천히 부은 뒤 자몽 필을 올려 장식한다.

핑크 레이디
Pink Lady

사랑스러운 핑크빛과 달콤하면서도 부드러운 맛으로 사랑받는 칵테일이에요.
잔에 따를 때 더블 스트레이너를 사용하면 윗면이 거품 없이 매끈한 칵테일을 만들 수 있어요.

도수 15% **맛** Sweet **기법** Shaking

생크림 35mL
달걀흰자 1개분
그레나딘 시럽 1ts
진 45mL

Ingredient

진 45mL
그레나딘 시럽 1ts
생크림 35mL
달걀흰자 1개분

1 셰이커에 칵테일 재료를 모두 넣고 달걀흰자와 재료가 고루 섞이도록 세게 흔든다.

2 ①에 얼음을 넣고 조금 더 흔들어 섞는다.

3 스트레이너를 이용해 잔에 따른 뒤 마라스키노 체리를 칵테일 픽에 꽂아 장식한다.

핑크 레이디보다 상큼한 **화이트 레이디** White Lady

달걀흰자가 들어가는 칵테일 중에 핑크 레이디와 이름이 비슷한 화이트 레이디가 있어요. 신맛과 단맛이 조화롭게 균형을 이루는 칵테일이랍니다. 진 45mL, 트리플 섹 15mL, 달걀흰자 1개분, 레몬주스 20mL, 시럽 1ts을 셰이커에 넣고 세게 흔들어 만들어요.

에비에이션
Aviation

클래식 칵테일인 에비에이션은 마라스키노 리큐르의 허브 향에 크렘 드 바이올렛의 화려하고 향긋한 맛이 조화를 이뤄 고급스러운 맛이 나요. 신맛이 강한 편이니 기호에 따라 레몬주스의 양을 가감하세요.

도수
24%

맛
Sour

기법
Shaking

레몬주스 15mL
시럽 1ts
진 60mL
마라스키노 리큐르 15mL
크렘 드 바이올렛 10mL

Ingredient

진 60mL
마라스키노 리큐르 15mL
크렘 드 바이올렛 10mL
레몬주스 15mL
시럽 1ts
자몽 필 적당량

1 셰이커에 진, 크렘 드 바이올렛, 마라스키노 리큐르, 레몬주스, 시럽을 넣고 잘 흔든다.

2 잔에 따르고 자몽 필을 올려 장식한다.

클로버 클럽
Clover Club

진한 핑크빛이 매력적인 칵테일이에요. 라즈베리 시럽과 레몬주스가 들어가 산뜻하면서도 부드럽고 깔끔한 맛을 냅니다. 트리플 섹을 조금 추가해도 좋아요.

도수 18% **맛** Refresh **기법** Shaking

달걀흰자 1개분

라즈베리 시럽 22.5mL

레몬주스 15mL

진 60mL

Ingredient

진 60mL
라즈베리 시럽 22.5mL
레몬주스 15mL
달걀흰자 1개분
라즈베리 적당량

1. 셰이커에 얼음과 진, 라즈베리 시럽, 레몬주스, 달걀흰자를 넣고 달걀흰자와 재료가 잘 섞이도록 세게 흔든다.

2. 스트레이너를 이용해 잔에 따른 뒤 라즈베리를 칵테일 픽에 꽂아 장식한다.

라모스 진피즈

Ramos Gin Fizz

새콤달콤 진하고 부드러운 맛의 칵테일이에요.
진, 시트러스 주스, 바닐라 에센스. 오렌지 플라워 워터 등이 들어가 맛과 향이 풍부하답니다.

도수 8%   **맛** Sweet   **기법** Shaking

라임주스 15mL
레몬주스 15mL
달걀흰자 1개분
생크림 30mL
시럽 30mL
오렌지 블로섬 워터 1ts
진 45mL
바닐라 에센스 5~6방울

Ingredient

진 45mL
생크림 30mL
레몬주스 15mL
라임주스 15mL
시럽 30mL
오렌지 블로섬 워터 1ts
바닐라 에센스 5~6방울
달걀흰자 1개분
탄산수 적당량

1. 셰이커에 탄산수를 제외한 나머지 재료를 넣고 달걀흰자와 재료가 잘 섞이도록 세게 흔든다.

2. 얼음을 넣고 좀 더 흔들어 음료를 차갑게 만든다.

3. 스트레이너를 이용해 잔에 따른 뒤 탄산수를 천천히 부어 잔을 채운다. 기호에 따라 레몬 필을 올려 장식한다.

라즈베리 진피즈
Raspberry Gin Fizz

라즈베리 진피즈는 진, 라즈베리, 레몬주스, 탄산수가 더해져 상큼하고 산뜻한 맛이 나요. 라즈베리를 으깨 넣어 신맛이 강하기 때문에 설탕을 넉넉히 넣는 것이 맛있어요.

- 도수 13%
- 맛 Sour
- 기법 Shaking

탄산수 적당량
진 45mL
레몬주스 15mL
설탕 4ts
라즈베리 1/2컵

Ingredient

진 45mL
레몬주스 15mL
라즈베리 1/2컵
탄산수 적당량
설탕 4ts

1 셰이커에 라즈베리, 레몬주스, 설탕을 넣고 칵테일 머들러로 으깬다.

2 ①에 얼음과 진을 넣고 잘 흔든다.

3 얼음 채운 잔에 스트레이너를 대고 ②를 따른다. 더블 스트레이너를 사용하면 으깬 과육과 씨를 말끔하게 거를 수 있다.

4 잔에 탄산수를 부어 잔을 채운다.

진 그린티

Gin Green Tea

라임과 녹차의 은은한 향을 느낄 수 있는 티 칵테일이에요. 녹차를 진하게 우려야 다른 재료 향에 묻히지 않고 제대로 된 진 그린티를 즐길 수 있어요. 맛이 산뜻해 더운 날 갈증을 해소하기 좋답니다.

도수
11%

맛
Refresh

기법
Shaking

시럽 30mL

녹차 60mL

라임주스 22.5mL

진 45mL

Ingredient

진 45mL
라임주스 22.5mL
녹차 티백 1개
뜨거운 물 60mL
시럽 30mL

1 뜨거운 물에 녹차 티백을 넣어 진하게 우린 뒤 냉장고에 넣어 차갑게 식혀둔다.

2 셰이커에 진, 녹차, 라임주스, 시럽을 넣고 잘 흔든다.

3 잔에 얼음을 채우고 ②를 붓는다. 기호에 따라 라임 슬라이스를 올려 장식한다.

로지
Rosie

아름답게 피어 있는 장미를 형상화한 칵테일이에요. 장미 시럽이 들어가 한 모금만 마셔도 장미 향을 가득 느낄 수 있어요. 쌉쌀한 맛이 있지만 달걀흰자가 들어가 부드럽게 넘어가요.

도수 16% **맛** Refresh **기법** Shaking

장미 시럽 22.5mL
달걀흰자 1개분
트리플 섹 10mL
레몬주스 22.5mL
캄파리 22.5mL
진 30mL

Ingredient

진 30mL
캄파리 22.5mL
트리플 섹 10mL
레몬주스 22.5mL
장미 시럽 22.5mL
달걀흰자 1개분

1 셰이커에 칵테일 재료를 모두 넣고 달걀흰자가 잘 섞이도록 세게 흔든다.

2 ①에 얼음을 넣고 음료가 차가워질 때까지 좀 더 흔든다.

3 스트레이너를 이용해 잔에 따른다.

바이올렛
Violet

진한 꽃 향기가 매력적인 플로럴 칵테일이에요. 파르페 아무르가 가진 제비꽃 향에 라벤더가 더해져 향긋하고 깔끔하면서도 새콤달콤한 맛이 나요. 기분전환용 칵테일로 추천합니다.

도수	맛	기법
15%	Sour	Shaking

레몬주스 15mL
라벤더 시럽 15mL
라임주스 15mL
앙고스투라 비터 5~6방울
파르페 아무르 10mL
진 30mL

Ingredient

진 30mL
파르페 아무르 10mL
라임주스 15mL
레몬주스 15mL
라벤더 시럽 15mL
앙고스투라 비터 5~6방울

1 셰이커에 모든 칵테일 재료를 넣는다.

2 재료가 고루 섞이도록 잘 흔들어 잔에 따른다.

tip
파르페 아무르와 라벤더 시럽은 조화가 아주 좋지만 많이 쓰는 재료는 아니에요. 처음 만들어본다면 오렌지 리큐르로 대체해도 훌륭한 칵테일이 완성됩니다.

보드카 베이스
Vodka Base

블랙 러시안
코스모폴리탄
스크루 드라이버
섹스 온 더 비치
키스 오브 파이어
블러디 메리
솔티 도그
시크릿 가든

블랙 러시안
Black Russian

깔루아에 보드카의 강렬한 맛이 더해져 달콤하면서도 깔끔해요.
만드는 법도 간단해 재료 두 가지를 잔에 부어 그대로 마시면 돼요. 달콤하지만 도수는 꽤 높아요.

도수 33% **맛** Sweet **기법** Building

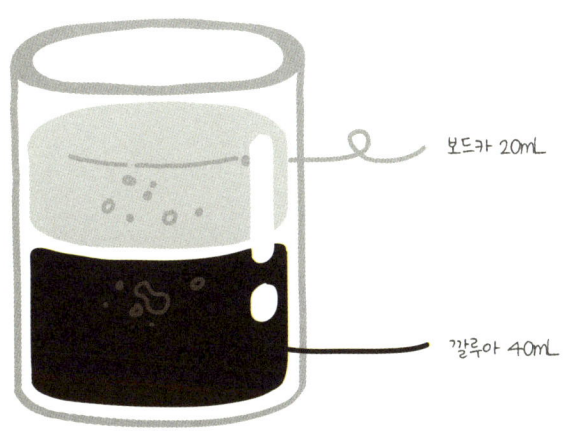

보드카 20mL

깔루아 40mL

Ingredient

보드카 20mL
깔루아 40mL

1 얼음을 넣은 잔에 깔루아와 보드카를 붓는다.

2 바스푼으로 가볍게 젓는다.

화이트 러시안

깔루아 밀크

화이트 러시안 White Russian & 깔루아 밀크 Kahlua Milk

블랙 러시안에 생크림이나 우유를 추가하면 부드러운 맛의 '화이트 러시안'으로 응용할 수 있어요. 블랙 러시안 재료에 우유나 생크림을 조금 넣어 잘 저어 마시면 돼요. 블랙 러시안에 보드카 대신 우유를 넣으면 부드럽고 달콤한 '깔루아 밀크'가 됩니다. 깔루아 30mL에 우유 90mL를 잘 섞으면 끝이에요.

코스모폴리탄

Cosmopolitan

〈섹스 앤 더 시티〉 주인공 캐리가 즐겨 마시는 칵테일이에요. 트리플 섹의 오렌지 향에 크랜베리주스와 라임주스가 더해져 이름처럼 세련되고 상큼한 맛이 나요. 라임주스의 양을 조절하면 신맛을 줄일 수 있어요.

도수 22% | **맛** Sour | **기법** Shaking

라임주스 20mL

크랜베리주스 20mL

트리플 섹 20mL

보드카 45mL

Ingredient

보드카 45mL
트리플 섹 20mL
크랜베리주스 20mL
라임주스 20mL

1. 셰이커에 얼음과 보드카, 트리플 섹, 라임주스, 크랜베리주스를 넣고 잘 흔든다.
2. 스트레이너를 이용해 잔에 따른다.

tip
화려한 이름과 세련된 맛이 특징인 칵테일답게 가니시를 화려하게 해도 잘 어울려요. 잔에 미리 설탕으로 리밍을 하는 방법도 추천합니다.

스크루 드라이버
Screwdriver

이란의 유전에서 일하던 미국 노동자들이 작업용 공구인 드라이버로 보드카와 오렌지주스를 섞어 마셨다고 해서 붙여진 이름이에요. 오렌지주스가 보드카의 독한 맛을 감추어 가볍게 마시기 좋아요.

도수 10% · 맛 Sweet · 기법 Building

오렌지주스 90mL

보드카 30mL

Ingredient

보드카 30mL
오렌지주스 90mL
마라스키노 체리 1개
파인애플 슬라이스 적당량

1 잔에 얼음, 보드카, 오렌지주스를 넣고 바스푼으로 가볍게 젓는다.

2 파인애플 슬라이스와 마라스키노 체리를 칵테일 픽에 꽂아 장식한다.

tip
오렌지주스만 넣어도 맛있지만, 오렌지주스와 어울리는 망고주스, 파인애플주스 등을 추가해 만들면 더 다채로운 맛을 느낄 수 있어요.

섹스 온 더 비치

Sex on the Beach

자극적인 이름을 가졌지만 과일 맛이 강하고 도수가 낮아 가볍게 마시기 좋은 트로피컬 칵테일이에요. 톰 크루즈 주연의 〈칵테일〉이란 영화에 나오면서 유명해졌답니다.

도수 11% **맛** Sweet **기법** Shaking

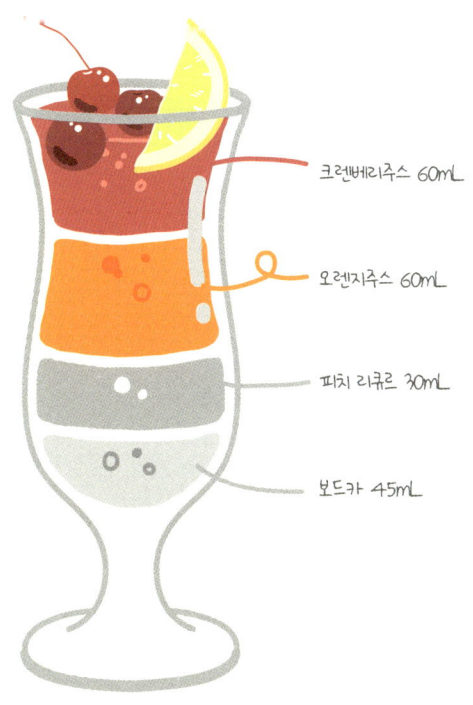

Ingredient

보드카 45mL
피치 리큐르 30mL
오렌지주스 60mL
크렌베리주스 60mL

1 셰이커에 얼음, 보드카, 피치 리큐르, 오렌지주스, 크렌베리 주스를 넣고 잘 흔든다.

2 얼음 채운 잔에 스트레이너를 대고 ①을 따른다.

tip
오렌지주스 외에 파인애플주스를 더해도 맛있어요.

키스 오브 파이어
Kiss of Fire

달콤한 키스를 연상케 하는 키스 오브 파이어. 화끈한 보드카 맛이 지나가면 잔 가장자리에 묻힌 설탕의 달착지근한 맛이 입안을 맴도는 매력적인 칵테일이에요.

도수 23% **맛** Sour **기법** Rimming Shaking

레몬주스 15mL

드라이 베르무트 15mL

슬로 진 22.5mL

보드카 30mL

Ingredient

보드카 30mL
슬로 진 22.5mL
드라이 베르무트 15mL
레몬주스 15mL
설탕 조금

1 잔 가장자리를 레몬이나 라임으로 문지른 뒤 설탕을 묻힌다.

2 셰이커에 얼음과 보드카, 슬로 진, 드라이 베르무트, 레몬주스를 넣고 잘 흔든다.

3 스트레이너를 이용해 설탕 묻힌 잔에 ②를 따른다.

블러디 메리
Bloody Mary

16세기 종교전쟁으로 수많은 사람을 탄압한 영국 여왕 메리 1세. 그녀의 별명 '피의 메리'에서 이름을 딴 칵테일이에요. 보드카가 토마토주스에 녹아들어 거의 토마토주스와 같은 맛이 나요.

- 도수 10%
- 맛 Sour
- 기법 Building

셀러리 적당량

후춧가루 조금

토마토주스 90mL

소금 조금

우스터소스 1ts

핫소스 1ts

보드카 30mL

Ingredient

보드카 30mL
토마토주스 90mL
우스터소스 1ts
핫소스 1ts
소금 조금
후춧가루 조금
셀러리 적당량

1. 잔에 우스터소스, 핫소스, 소금, 후춧가루를 넣고 고루 섞는다.
2. ①에 얼음과 보드카, 토마토주스를 넣고 바스푼으로 가볍게 젓는다.
3. 길게 자른 셀러리를 꽂아 장식한다.

솔티 도그
Salty Dog

'갑판원'이라는 이름을 가진 칵테일이에요. 자몽주스의 달콤 씁쌀한 맛에 소금이 더해져 독특한 맛을 낸답니다. 시판 자몽주스를 사용해도 좋지만 스퀴저로 자몽 과즙을 짜 넣고 자몽 슬라이스를 가니시로 올리면 더 맛있어요.

도수 10%   **맛** Salty   **기법** Rimming Building

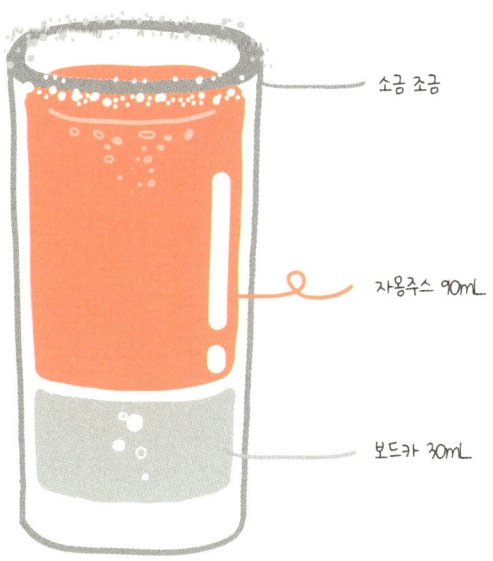

소금 조금

자몽주스 90mL

보드카 30mL

Ingredient

보드카 30mL
자몽주스 90mL
소금 조금

1 잔 가장자리를 레몬이나 라임으로 문지른 뒤 소금을 묻힌다.

2 잔에 얼음을 넣은 뒤 보드카와 자몽주스를 붓고 바스푼으로 가볍게 젓는다.

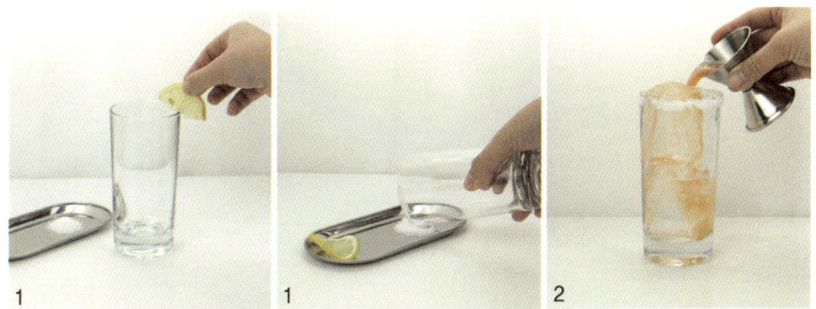

시크릿 가든
Secret Garden

드라이 베르무트와 오이를 넣어 깔끔하고 상쾌한 맛이 나는 칵테일이에요.
프레시한 맛에 상큼하고 향긋한 오렌지 워터가 들어가 이름 그대로 비밀의 정원을 연상케 하는 맛이 납니다.

도수 22% **맛** Refresh **기법** Shaking

보드카 30mL

오렌지 플라워 워터 1ts

드라이 베르무트 10mL

오이 슬라이스 3개

Ingredient

보드카 30mL
드라이 베르무트 10mL
오이 슬라이스 3개
오렌지 플라워 워터 1ts

1 셰이커에 얼음과 오이 슬라이스, 보드카, 드라이 베르무트, 오렌지 플라워 워터를 넣고 칵테일에 오이 향이 잘 배도록 고루 흔든다.

2 스트레이너를 이용해 잔에 따른다.

럼 베이스
Rum Base

마이타이
모히토
오이 모히토
피나콜라다
프로즌 수박 다이키리
블루 하와이
쿠바 리브레
카이피리냐
데이지

마이타이
Mai-Tai

타히티어로 '최고'라는 뜻의 칵테일이에요. 세 가지 과일주스와 두 가지 럼이 만나 묵직하면서도 새콤달콤한 맛을 내요. 다크 럼은 함께 셰이킹하지 않고 마지막에 따로 띄워 마셔도 좋아요.

도수 11%   **맛** Sweet   **기법** Shaking

Ingredient

화이트 럼 30mL
다크 럼 30mL
트리플 섹 15mL
파인애플주스 60mL
오렌지주스 30mL
라임주스 15mL
그레나딘 시럽 15mL
파인애플 슬라이스 적당량

1 셰이커에 칵테일 재료를 모두 넣고 재료가 잘 섞이도록 고루 흔든다.

2 잔에 잘게 부순 얼음을 채우고 ①을 붓는다.

3 파인애플 슬라이스를 올려 장식한다.

모히토
Mojito

향긋한 민트와 상큼한 라임, 탄산수가 더해진 여름철 대표 칵테일. 기호에 따라 청포도나 자몽 같은 과일을 더해도 맛있어요. 라임·민트는 너무 많이 으깨면 쓴맛이 날 수도 있으니 가볍게 으깨세요.

도수 11% **맛** Sweet **기법** Muddling

탄산수 90mL
애플민트 적당량
라임 1개
설탕 3ts
화이트 럼 45mL

Ingredient

화이트 럼 45mL
탄산수 90mL
설탕 3ts
라임 1개
애플민트 적당량

1 라임은 반 잘라 반은 즙을 내고 나머지 반은 적당한 크기로 자른다.

2 잔에 애플민트, 설탕, 라임즙, 자른 라임을 넣고 칵테일 머들러로 가볍게 으깬다.

3 잔에 잘게 부순 얼음을 넣은 뒤 럼과 탄산수를 붓고 가볍게 젓는다.

오이 모히토

Cucumber Mojito

상큼한 라임 향이 특징인 기본 모히토에 오이와 애플민트를 으깨어 넣어 더욱 상쾌한 맛이 나는 칵테일이에요.
산뜻하고 깔끔해 더운 여름날 시원하게 마시기 좋아요.

도수
12%

맛
Refresh

기법
Muddling
Shaking

탄산수 적당량
라임주스 15mL
시럽 20mL
애플민트 적당량
오이 슬라이스 3개
럼 45mL

Ingredient

럼 45mL
라임주스 15mL
시럽 20mL
오이 슬라이스 3개
애플민트 적당량
탄산수 적당량

1. 셰이커에 오이 슬라이스, 애플민트, 라임주스, 시럽을 넣고 칵테일 머들러로 가볍게 으깬다.
2. ①에 얼음과 럼을 넣고 잘 흔든다.
3. 스트레이너를 이용해 얼음 채운 잔에 부은 다음 탄산수로 잔을 채운다.

피나콜라다

Pina Colada

스페인어로 '파인애플이 무성한 언덕'이라는 이름을 가진 칵테일이에요. 새콤달콤한 파인애플주스에 코코넛 크림이 더해져 달고 부드러워요. 코코넛 크림은 시판 피나콜라다 믹스로 대체할 수 있어요.

도수
10%

맛
Sweet

기법
Shaking

코코넛 크림 60mL

파인애플주스 60mL

럼 45mL

Ingredient

럼 45mL
파인애플주스 60mL
코코넛 크림 60mL
마라스키노 체리 1개

1 셰이커에 럼, 파인애플주스, 코코넛 크림을 넣고 잘 흔든다.

2 잔에 잘게 부순 얼음을 채우고 ①을 붓는다.

3 마라스키노 체리를 올려 장식한다.

트로피컬 칵테일 **치치** Chi-chi

럼 대신 같은 양의 보드카로 바꾸면 하와이 분위기가 물씬 나는 치치를 만들 수 있어요. 치치는 미국의 속어로 '세련된' 또는 '멋진'이라는 의미예요. 잘게 부순 얼음을 가득 넣은 잔에 치치를 붓고 파인애플, 마라스키노 체리, 계절 꽃으로 장식해요.

프로즌 수박 다이키리

Frozen Watermelon Daiquiri

수박주스 맛이 나는 여름 칵테일이에요. 달고 시원해 갈증을 해소하는 데 제격이에요.
간편하게 수박 대신 수박주스를 넣고 만들어도 좋아요. 수박이 충분히 달다면 설탕은 생략하세요.

도수 8%   **맛** Sweet   **기법** Blending

라임주스 10mL

럼 30mL

설탕 2ts

수박 130g

Ingredient

럼 30mL
라임주스 10mL
수박 130g
설탕 2ts

1 수박은 깍둑 썰기한 뒤 냉동실에 두어 얼린다.

2 블렌더에 얼린 수박, 럼, 라임주스, 설탕을 넣고 곱게 간 다음 잔에 붓는다.

블루 하와이

Blue Hawaii

블루 하와이라는 이름처럼 청량한 맛과 색이 매력적인 칵테일이에요. 과일주스가 많이 들어가기 때문에 도수에 비해 술맛이 적게 나고 달콤해 가볍게 마실 수 있어요.

도수
12%

맛
Sweet

기법
Shaking

레몬주스 30mL
파인애플주스 60mL
블루 큐라소 20mL
럼 30mL

Ingredient

럼 30mL
블루 큐라소 20mL
파인애플주스 60mL
레몬주스 30mL
레몬 조각 적당량

1 셰이커에 럼, 블루 큐라소, 파인애플주스, 레몬주스를 넣고 잘 흔든다.

2 잔에 잘게 부순 얼음을 채우고 ①을 붓는다.

3 웨지 모양으로 자른 레몬을 올려 장식한다.

쿠바 리브레
Cuba Libre

쿠바가 스페인으로부터 독립할 때 시민들이 외쳤던 'Viva Cuba Libre'에서 유래된 칵테일이에요. 톡톡 쏘는 콜라와 상큼한 라임이 들어가 달콤하고 청량한 맛이 특징이에요.

도수 10% · **맛** Sweet · **기법** Building

Ingredient

럼 30mL
콜라 75mL
라임주스 15mL
라임 조각 적당량

1 잔에 얼음을 채우고 럼과 라임주스를 따른다.

2 ①에 콜라를 붓고 바스푼으로 가볍게 젓는다.

3 웨지 모양으로 자른 라임을 올려 장식한다.

카이피리냐
Caipirinha

브라질에서 가장 대중적인 술인 카샤사에 상큼한 라임을 더해 만든 브라질 대표 칵테일. 시큼하고 달콤하면서 부드럽게 넘어가는 맛이 매력적이에요. 라임과 설탕을 으깬 뒤 카샤사를 섞어 만들어도 좋아요.

도수
10%

맛
Sour

기법
Shaking

카샤사 45mL

설탕 3ts

라임 1개

Ingredient

카샤사 45mL
라임 1개
설탕 3ts

1 라임은 반 잘라 반은 즙을 내고 나머지 반은 적당한 크기로 자른다.

2 셰이커에 카샤사, 라임즙, 설탕을 넣고 잘 흔든다.

3 얼음 채운 잔에 붓고 자른 라임을 올려 장식한다.

카이피로스카 Caipiroska & 카이피리시마 Caipirissima

카샤사 대신 보드카를 사용하면 카이피로스카, 럼을 사용하면 카이피리시마를 만들 수 있어요. 들어가는 과일은 라임 말고도 귤이나 키위, 파인애플, 레몬 등을 넣어 만들어도 맛있어요.

데이지
Daisy

예쁜 살구빛이 눈을 사로잡고 향긋하면서도 새콤달콤한 맛이 입을 즐겁게 해요.
쌉쌀한 맛도 적당히 가지고 있어 산뜻하게 즐기기 좋은 칵테일이에요.

도수
12%

맛
Sweet

기법
Shaking

시럽 15mL

라임주스 22.5mL

엘더 플라워 리큐르 10mL

화이트 럼 15mL

캄파리 8mL

Ingredient

화이트 럼 15mL
엘더 플라워 리큐르 10mL
캄파리 8mL
라임주스 22.5mL
시럽 15mL

1 셰이커에 얼음과 화이트 럼, 엘더 플라워 리큐르, 캄파리, 라임주스, 시럽을 넣고 잘 흔든다.

2 스트레이너를 이용해 잔에 따른다.

테킬라 베이스
Tequila Base

마가리타
테킬라 선라이즈
마타도르
슬로 테킬라
롱아일랜드 아이스티
롱비치 아이스티
도쿄 아이스티
텍사스 티
AMF

마가리타

Margarita

테킬라 베이스 대표 칵테일 마가리타예요. 테킬라의 강렬한 맛을 그대로 느낄 수 있으면서도 트리플 섹, 라임주스, 소금의 맛이 더해져 시큼하고 독특한 맛을 낸답니다. 기호에 따라 시럽으로 단맛을 추가해도 좋아요.

도수 28%   **맛** Sour   **기법** Rimming Shaking

소금 조금
라임주스 15mL
트리플 섹 15mL
테킬라 45mL

Ingredient

테킬라 45mL
트리플 섹 15mL
라임주스 15mL
소금 조금

1 잔의 가장자리를 레몬이나 라임으로 문지른 뒤 소금을 묻힌다.

2 셰이커에 테킬라, 트리플 섹, 라임주스를 넣고 잘 흔든다.

3 잔에 잘게 부순 얼음을 넣고 ②를 붓는다.

바다를 닮은 **블루 마가리타** Blue Margarita

트리플 섹 대신 블루 큐라소를 넣어 바다처럼 푸른 마가리타를 만들어보세요. 셰이커에 테킬라 45mL, 블루 큐라소 15mL, 라임주스 15mL를 넣고 잘 흔든 뒤 잔에 부으면 됩니다.

테킬라 선라이즈

Tequila Sunrise

아름다운 일출을 칵테일에 그대로 담은 테킬라 선라이즈. 오렌지주스와 붉은색 그레나딘 시럽이 멋진 그러데이션을 만들어요. 도수가 높지 않고 맛도 달콤해 가볍게 마시기 좋아요.

도수 9%　**맛** Sweet　**기법** Building

Ingredient

테킬라 30mL
오렌지주스 90mL
그레나딘 시럽 15mL
오렌지 슬라이스 적당량

1 잔에 얼음을 넣고 테킬라와 오렌지주스를 넣고 바스푼으로 가볍게 젓는다.

2 그레나딘 시럽을 천천히 부어 잔 바닥으로 가라앉힌다.

3 오렌지 슬라이스를 올려 장식한다.

마타도르
Matador

스페인어로 '투우사'라는 뜻의 마타도르는 투박한 이름과 달리 파인애플과 라임 향이 그윽하고 달콤한 칵테일이에요. 파인애플주스 맛이 강하고 도수도 높지 않아 부담 없이 마실 수 있어요.

도수 12%　　**맛** Sour　　**기법** Shaking

파인애플주스 45mL
라임주스 15mL
테킬라 30mL

Ingredient

테킬라 30mL
파인애플주스 45mL
라임주스 15mL
레몬 슬라이스 적당량
마라스키노 체리 1개

1 셰이커에 테킬라, 파인애플주스, 라임주스를 넣고 잘 흔든다.

2 잔에 얼음을 넣고 ①을 따른다.

3 레몬 슬라이스와 마라스키노 체리를 칵테일 픽에 꽂아 장식한다.

슬로 테킬라
Sloe Tequila

테킬라, 슬로 진, 레몬의 맛이 어우러져 강렬한 맛이 나는 칵테일이에요. 시큼하고 텁텁한 칵테일의 맛과 오이의 시원한 향이 잘 어울려요. 오이 대신 셀러리로 장식하거나 소금으로 리밍해도 좋아요.

도수 24% · **맛** Sour · **기법** Shaking

Ingredient

테킬라 30mL
슬로 진 15mL
레몬주스 15mL
오이 적당량

1 셰이커에 테킬라, 슬로 진, 레몬주스를 넣고 고루 흔든다.

2 잔에 잘게 부순 얼음을 채우고 ①을 붓는다.

3 길게 자른 오이를 꽂아 장식한다.

롱아일랜드 아이스티
Long Island Iced Tea

술 제조가 금지되어 있던 1920년대 미국에서, 여러 가지 술을 섞어 아이스티처럼 보이게 만든 칵테일이에요. 도수가 꽤 높지만 콜라가 들어가 달고 시원하게 마실 수 있어요. '롱티'라고 줄여서 부르기도 해요.

도수 22% **맛** Sweet **기법** Shaking

- 콜라 적당량
- 레몬주스 15mL
- 트리플 섹 15mL
- 테킬라 15mL
- 보드카 15mL
- 진 15mL
- 럼 15mL

Ingredient

테킬라 15mL
보드카 15mL
럼 15mL
진 15mL
트리플 섹 15mL
레몬주스 15mL
콜라 적당량
레몬 조각 적당량

1. 셰이커에 럼, 진, 보드카, 테킬라, 트리플 섹, 레몬주스를 넣고 잘 흔든다.

2. 얼음 채운 잔에 따른 뒤 콜라를 부어 잔을 채우고 웨지 모양으로 자른 레몬을 올려 장식한다.

롱아일랜드 아이스티
응용 레시피

롱비치 아이스티
Long Beach Iced Tea

도수 18% | 맛 Sour | 기법 Shaking

Ingredient
테킬라 15mL
보드카 15mL
럼 15mL
진 15mL
트리플 섹 15mL
크랜베리주스 45mL
사워믹스 30mL

1 셰이커에 칵테일 재료를 모두 넣고 잘 흔든다.
2 잔에 얼음을 채우고 ①을 따른다.

도쿄 아이스티
Tokyo Iced Tea

도수 18% | 맛 Sweet | 기법 Shaking

Ingredient
미도리 30mL
럼 15mL
진 15mL
보드카 15mL
레몬주스 15mL
사이다 적당량

1 셰이커에 얼음과 미도리, 럼, 진, 보드카, 레몬주스를 넣고 잘 흔든다.
2 스트레이너를 이용해 얼음 채운 잔에 따른 뒤 사이다를 부어 잔을 채운다.

롱아일랜드 아이스티는 수많은 변형 레시피들이 있어요. 베이스가 되는 술 중 좋아하지 않는 종류는 아예 빼거나 다른 술로 바꾸어도 되고, 레몬주스 대신 사워믹스로 대체해도 좋아요. 내 취향에 꼭 맞는 롱아일랜드 아이스티 레시피를 찾아보세요.

텍사스 티
Texas Tea

- 도수 24%
- 맛 Sour
- 기법 Shaking

Ingredient

테킬라 15mL
보드카 15mL
럼 15mL
진 15mL
버번위스키 15mL
트리플 섹 15mL
사워믹스 15mL
콜라 적당량

1. 셰이커에 콜라를 제외한 칵테일 재료와 얼음을 넣고 잘 흔든다.
2. 스트레이너를 이용해 얼음 채운 잔에 따른 뒤 콜라를 부어 잔을 채운다.

AMF

- 도수 17%
- 맛 Sweet
- 기법 Shaking

Ingredient

럼 15mL
진 15mL
보드카 15mL
테킬라 15mL
블루 큐라소 15mL
레몬주스 15mL
사이다 적당량

1. 셰이커에 럼, 진, 보드카, 테킬라, 블루 큐라소, 레몬주스를 넣고 잘 흔든다.
2. 얼음 채운 잔에 따른 뒤 사이다를 부어 잔을 채운다.

위스키 베이스
Whicky Base

올드패션드
민트 줄렙
갓파더
맨해튼
위스키 사워
아이리시 커피
아드벡 하이볼
아이스티 하이볼
짐빔 하이볼

올드패션드
Old Fashioned

위스키 베이스 중 가장 고전적인 칵테일이 바로 올드패션드죠. 버번위스키가 가지고 있는 단맛에 각설탕을 더해 달콤하고 쌉쌀한 맛이 나요.

도수 35% | **맛** Bitter | **기법** Building

클럽소다 15mL

앙고스투라 비터 5~6방울

각설탕 1개

버번위스키 60mL

Ingredient

버번위스키 60mL
(또는 라이 위스키)
클럽소다 15mL
각설탕 1개
앙고스투라 비터 5~6방울
오렌지 필 적당량

1 잔에 각설탕과 앙고스투라 비터를 넣고 칵테일 머들러로 으깬다.

2 ①에 얼음, 위스키, 클럽소다를 넣은 뒤 바스푼으로 가볍게 젓는다.

3 오렌지 필을 올려 장식한다.

민트 줄렙
Mint Julep

으깬 민트에 술과 설탕을 섞어 마시는 줄렙 중 가장 인기 있는 것이 민트 줄렙이에요. 버번위스키의 달고 묵직한 맛에 시원한 민트 향이 매력이에요. 도수가 상당히 높기 때문에 차가운 탄산수를 넣어 마셔도 좋아요.

도수 25% **맛** Refresh **기법** Muddling Building

Ingredient

버번위스키 60mL
설탕 2ts
스피어민트 적당량
오렌지 슬라이스 적당량

1 잔에 스피어민트, 설탕을 넣고 칵테일 머들러로 가볍게 으깬다.

2 버번위스키를 붓고 잘게 부순 얼음을 넣는다.

3 음료가 차가워질 때까지 젓고 오렌지 슬라이스와 스피어민트를 올려 장식한다.

갓파더
Godfatehr

영화 〈대부〉를 모티브로 만들어진 칵테일 갓파더. 아몬드 리큐르인 아마레토 향과 스카치위스키의 향이 잘 어우러진 칵테일이에요. 높은 도수에 비해 꽤 달콤한 편이라 가볍게 마실 수 있어요.

도수
35%

맛
Bitter

기법
Building

아마레토 30mL

스카치위스키 45mL

Ingredient

스카치위스키 45mL
아마레토 30mL
오렌지 필 적당량

1. 얼음을 채운 잔에 스카치위스키와 아마레토를 넣고 바스푼으로 가볍게 젓는다.
2. 오렌지 필을 올려 장식한다.

진한 아마레토의 맛 **갓마더** Godmother

위스키 대신 같은 양의 보드카를 넣으면 갓마더를 만들 수 있어요. 갓마더는 첫 맛에 아마레토의 맛이 진하게 느껴지고 그다음 강렬한 보드카 맛을 느낄 수 있는 칵테일이에요.

맨해튼
Manhattan

버번위스키와 스위트 베르무트의 조화가 인상적인 맨해튼은 칵테일의 여왕이라는 별명을 가지고 있어요. 앙고스투라 비터 대신 오렌지 비터를 넣어도 잘 어울려요.

도수 33% | 맛 Bitter | 기법 Stirring

스위트 베르무트 20mL
버번위스키 60mL
앙고스투라 비터 5~6방울

Ingredient

버번위스키 60mL
스위트 베르무트 20mL
앙고스투라 비터 5~6방울

1 믹싱 글라스에 칵테일 재료를 모두 넣고 바스푼으로 잘 저은 뒤 잔에 따른다.

tip
스위트 베르무트는 개성이 강한 술이라 가능하면 미리 맛을 보고 구매하는 것이 좋아요.

위스키 사워
Whisky Sour

위스키에 레몬주스를 섞어 만드는 칵테일이에요. 달걀흰자와 레몬주스가 더해져 위스키의 묵직한 맛을 좀 더 부드럽고 가볍게 바꿔줍니다. 좋아하는 위스키를 몇 가지 섞어 만들어도 좋아요.

도수 21% **맛** Sour **기법** Shaking

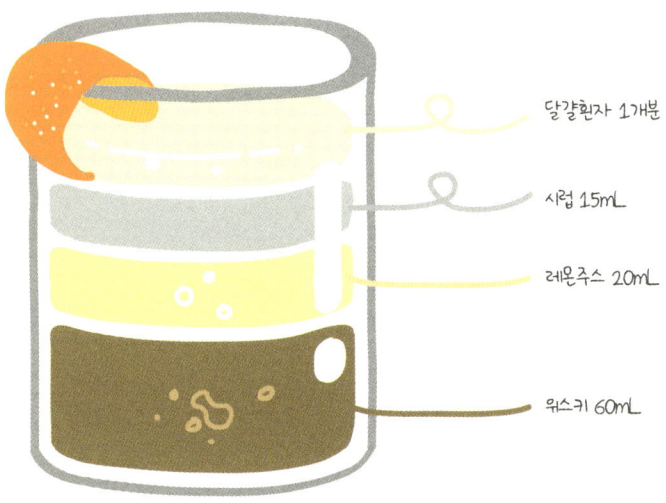

달걀흰자 1개분

시럽 15mL

레몬주스 20mL

위스키 60mL

Ingredient

위스키 60mL
레몬주스 20mL
시럽 15mL
달걀흰자 1개분

1 셰이커에 위스키, 레몬주스, 시럽, 달걀흰자를 넣고 달걀흰자와 재료가 잘 섞이도록 세게 흔든다.

2 ①에 얼음을 넣고 짧게 한 번 더 흔든 뒤 잔에 따른다.

tip
재료가 간단한 만큼 다양한 위스키로 응용할 수 있어요. 좋아하는 위스키를 사용해 다양한 맛으로 만들어보세요.

아이리시 커피

Irish Coffee

그윽한 향의 커피에 아이리시 위스키를 넣어 만든 아이리시 커피. 시럽과 시나몬 파우더를 추가해 달콤함과 향긋함을 더했어요. 추운 날 몸을 녹여주는 칵테일로 그만이에요.

도수
9%

맛
Bitter

기법
Building
Floating

휘핑크림 적당량
에스프레소 45mL
시럽 15mL
뜨거운 물 90mL
아이리시 위스키 45mL

Ingredient

아이리시 위스키 45mL
에스프레소 45mL
시럽 15mL
휘핑크림 적당량
시나몬 파우더 적당량
뜨거운 물 90mL

1 잔에 아이리시 위스키, 에스프레소, 시럽, 뜨거운 물을 넣고 바스푼으로 가볍게 섞는다.

2 ①의 위에 휘핑크림을 조심스럽게 올리고 시나몬 파우더를 뿌려 장식한다.

달콤한 초콜릿 맛이 더해진 **베일리스 커피** Bailey's Coffee

아이리시 위스키 대신 같은 양의 베일리스를 넣으면 '베일리스 커피'가 돼요. 베일리스의 느끼함을 커피가 잡아줘 조화로운 맛을 느낄 수 있어요. 취향에 따라 우유를 첨가해도 좋아요.

아드벡 하이볼
Ardbeg Highball

특이하고도 강렬한 맛이 나는 위스키, 아드벡으로 만든 하이볼이에요.
특별한 하이볼을 찾는다면 추천합니다. 스모키한 향의 다른 위스키로 대체할 수도 있어요.

도수
9%

맛
Light
Sweet

기법
Rimming
Building

Ingredient

아드벡 30mL
탄산수 90mL
레몬주스 15mL
레몬 필 적당량
후춧가루 조금
소금 조금

1 잔의 입구 부분에 레몬을 바르고 소금으로 리밍한다.

2 얼음을 채운 잔에 아드벡, 레몬주스, 탄산수를 넣고 가볍게 섞는다.

3 후춧가루를 뿌리고 레몬 필을 올려 완성한다.

tip
소금과 후춧가루는 취향에 맞게 조절해주세요.

아이스티 하이볼
Ice Tea Highball

독한 위스키 향이 부담스럽다면 달콤하게 즐겨보는 건 어떨까요. 아이스티를 넣어 시원하면서 달달하고 홍차 향이 향긋해 여름에 특히 잘 어울리는 하이볼이에요.

도수 8%   **맛** Sweet   **기법** Building

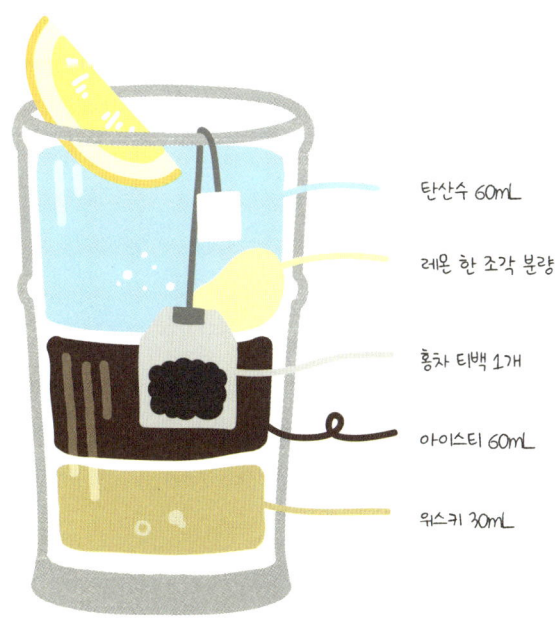

탄산수 60mL

레몬 한 조각 분량

홍차 티백 1개

아이스티 60mL

위스키 30mL

Ingredient

위스키 30mL
아이스티 60mL
탄산수 60mL
홍차 티백 1개
레몬 적당량

1 아이스티는 평소보다 진하게 타서 차게 준비한다.

2 얼음을 채운 잔에 위스키, 아이스티를 넣는다.

3 레몬을 한 조각 짜 넣는다.

4 홍차 티백과 탄산수를 넣고 가볍게 섞는다.

5 레몬 조각을 올려 완성한다.

tip
아이스티 맛이 다양하니 취향에 맞는 맛을 골라 만들어보세요.

짐빔 하이볼
Jim Beam Highball

가장 기본적이고 쉬우면서도 어떤 안주에나 잘 어울리는 하이볼이에요.
평소보다 넉넉히 만들어 벌컥벌컥 마시는 걸 추천합니다. 잔은 미리 냉동실에 넣어 차게 준비해주세요.

도수
11%

맛
Sweet

기법
Building

Ingredient

짐빔 45mL
레몬주스 10mL
라임주스 10mL
토닉워터 120mL

1 얼음을 채운 잔에 짐빔, 레몬주스, 라임주스, 토닉워터를 넣고 가볍게 섞는다.

2 레몬 슬라이스와 라임 슬라이스로 장식해 완성한다.

tip
레몬만 더해도 좋지만, 라임도 함께 더하면 더 다채로운 향을 즐길 수 있어요.

브랜디 베이스
Brandy Base

사이드 카
브랜디 스매시
브랜디 알렉산더
비트윈 더 시트
프렌치 커넥션

사이드 카
Side Car

묵직한 맛과 향을 가진 브랜디에 트리플 섹과 레몬주스로 상큼한 맛을 더한 칵테일이에요.
도수가 높은 편이지만 새콤달콤한 맛 때문에 비교적 쉽게 마실 수 있어요.

도수 25% | **맛** Sour | **기법** Shaking

트리플 섹 15mL
레몬주스 15mL
브랜디 30mL

Ingredient

브랜디 30mL
트리플 섹 15mL
레몬주스 15mL

1 셰이커에 얼음과 브랜디, 트리플 섹, 레몬주스를 넣고 잘 흔든다.

2 스트레이너를 이용해 잔에 따른다. 기호에 따라 레몬 필을 올려 장식한다.

tip
도수가 높고 레몬이 들어가서 온도가 올라가면 시큼한 맛과 알코올 향이 강해질 수 있어요. 칵테일을 만들기 전에 잔은 미리 냉동실에 보관해 차게 만들어두는 게 좋아요.

브랜디 스매시

Brandy Smash

모히토처럼 허브와 설탕을 으깬 뒤 술과 탄산수를 부어 만드는 칵테일이에요.
브랜디에 스피어민트의 알싸한 향이 더해져 시원하면서도 묵직한 맛을 내요.

도수 25%   **맛** Refresh   **기법** Muddling / Building

탄산수 30mL

브랜디 60mL

설탕 2ts

스피어민트 적당량

Ingredient

브랜디 60mL
탄산수 30mL
설탕 2ts
스피어민트 적당량
레몬 슬라이스 적당량

1 잔에 스피어민트, 설탕, 브랜디를 넣고 칵테일 머들러로 가볍게 으깬다.

2 잘게 부순 얼음을 넣고 탄산수를 부은 뒤 바스푼으로 가볍게 젓는다.

3 레몬 슬라이스와 스피어민트를 올려 장식한다.

브랜디 알렉산더

Brandy Alexander

우유가 들어 있어 부드럽고 달콤하지만 도수는 맛에 비해 강한 편입니다. 리큐르와 우유가 들어가기 때문에 셰이킹할 때는 충분히 흔들어야 해요.

도수
18%

맛
Sweet

기법
Shaking

Ingredient

브랜디 22.5mL
크렘 드 카카오 브라운 22.5mL
우유 22.5mL
넛멕 조금

1 셰이커에 얼음, 브랜디, 크렘 드 카카오 브라운, 우유를 넣고 재료가 고루 섞이도록 충분히 흔든다.

2 스트레이너를 이용해 잔에 따르고 넛멕을 뿌려 장식한다.

초콜릿 맛이 나는 **크렘 드 카카오** Creme de Cacao

브랜디에 카카오와 설탕을 넣어 숙성시킨 리큐르. 달콤한 초콜릿 맛이 나요. 착색 여부에 따라 크렘 드 카카오 화이트와 크렘 드 카카오 브라운으로 나뉩니다.

비트윈 더 시트
Between the Sheets

세 가지 술이 내는 묵직하고 달콤한 향에 레몬주스가 더해져 강렬한 맛이 나요.
브랜디, 럼, 리큐르가 들어가 도수가 상당히 높아요.

도수 30% **맛** Bitter **기법** Shaking

레몬주스 15mL
트리플 섹 22.5mL
화이트 럼 22.5mL
브랜디 22.5mL

Ingredient

브랜디 22.5mL
화이트 럼 22.5mL
트리플 섹 22.5mL
레몬주스 15mL

1 셰이커에 얼음과 칵테일 재료를 모두 넣고 잘 흔든다.

2 스트레이너를 이용해 잔에 따른다.

tip
일반적으로 화이트 럼을 많이 사용하지만 좋아하는 럼으로 대체해도 좋아요. 프리미엄 럼을 넣으면 훨씬 더 고급스럽고 깊은 맛으로 완성할 수 있어요.

프렌치 커넥션
French Connection

마피아를 주제로 한 동명의 영화에서 이름을 따온 칵테일이에요. 아마레토가 들어가 달달하지만 브랜디 특유의 씁쓸하고 묵직한 맛이 강해요. 더 달게 마시고 싶다면 아마레토의 비율을 늘리세요.

도수 37% **맛** Bitter **기법** Building

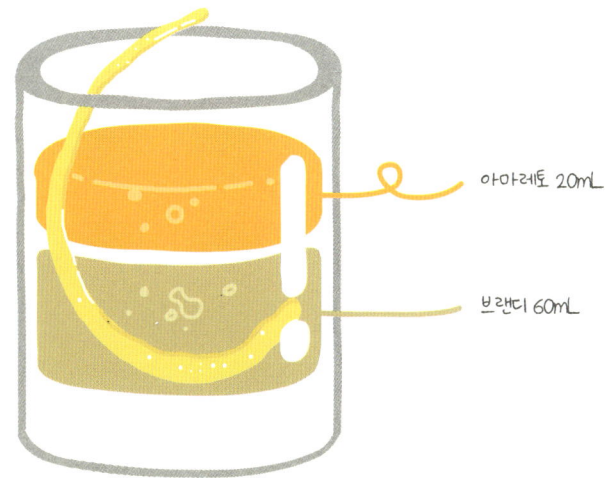

Ingredient

브랜디 60mL
아마레토 20mL
레몬 필 적당량

1. 얼음을 채운 잔에 브랜디와 아마레토를 넣고 바스푼으로 가볍게 젓는다.
2. 레몬 필을 올려 장식한다.

리큐르 베이스
Liqueur Base

피치 크러시
미도리 사워
준 벅
네그로니
그라스호퍼
오르가슴
차이나 블루
카시스 프라페
스푸모니
시칠리안 키스
슬로 진피즈
베일리스 밀크
카시스 우롱
콰이페 하이볼

피치 크러시
Peach Crush

크랜베리, 복숭아, 사워믹스의 맛이 더해져 상큼한 맛이 나는 칵테일이에요. 도수가 낮고 새콤달콤해 가볍게 마시기 좋아요. 단맛을 줄이고 싶다면 사워믹스 대신 레몬즙이나 라임즙을 넣어 만들어보세요.

도수 6%　**맛** Sweet　**기법** Shaking

크랜베리주스 60mL

사워믹스 30mL

피치 리큐르 45mL

Ingredient

피치 리큐르 45mL
크랜베리주스 60mL
사워믹스 30mL
오렌지 슬라이스 적당량
마라스키노 체리 적당량

1 셰이커에 얼음, 피치 리큐르, 크랜베리주스, 사워 믹스를 넣고 잘 흔든다.

2 잔에 잘게 부순 얼음을 채운 뒤 스트레이너를 이용해 ①을 붓는다.

3 오렌지 슬라이스와 마라스키노 체리를 올려 장식한다.

미도리 사워
Midori Sour

미도리의 진한 멜론 맛에 사이다가 들어가 청량하고 달콤한 맛이 나요. 피치 크러시, 준 벅과 함께 가볍게 마시기 좋은 칵테일 중 하나랍니다. 레몬 슬라이스나 사워믹스를 추가해 새콤한 맛을 더해도 좋아요.

도수
5%

맛
Sweet

기법
Building

사이다 90mL

미도리 30mL

Ingredient

미도리 30mL
사이다 90mL
레몬 조각 적당량

1 얼음을 채운 잔에 미도리, 사이다를 부은 뒤 바스푼으로 가볍게 젓는다.

2 웨지 모양으로 자른 레몬을 올려 장식한다.

천연 멜론의 맛 **미도리** Midori

일본 산토리 사의 멜론 맛이 나는 리큐르예요. 멜론 리큐르 중 가장 유명한 제품입니다. 미도리 사워, 준 벅 등의 칵테일의 베이스로 쓰여요.

준 벅
June Bug

여러 가지 리큐르와 과일주스가 들어가 풍부한 맛과 향을 가진 준 벅이에요. 새콤달콤한 맛에 코코넛 향이 더해져 이국적인 맛이 난답니다. 무더운 여름에 아주 잘 어울려요.

도수 8% **맛** Sweet **기법** Shaking

코코넛 리큐르 15mL

레몬주스 30mL

파인애플주스 60mL

바나나 리큐르 15mL

멜론 리큐르 30mL

Ingredient

멜론 리큐르 30mL
코코넛 리큐르 15mL
바나나 리큐르 15mL
파인애플주스 60mL
레몬주스 30mL
파인애플 슬라이스 적당량
마라스키노 체리 1개

1 셰이커에 얼음, 멜론 리큐르, 코코넛 리큐르, 바나나 리큐르, 파인애플주스, 레몬주스를 넣고 재료가 잘 섞이도록 충분히 흔든다.

2 잔에 얼음을 넣고 스트레이너를 이용해 ①을 붓는다.

3 파인애플 슬라이스와 마라스키노 체리를 칵테일 픽에 꽂아 장식한다.

네그로니
Negroni

진과 캄파리의 쌉쌀한 향에 스위트 베르무트가 더해져 달착지근하면서도 깔끔한 맛이 특징이에요.
가니시로 오렌지 껍질 대신 자몽 껍질을 활용해도 잘 어울려요.

도수
20%

맛
Bitter

기법
Stirring

Ingredient

캄파리 22.5mL
진 22.5mL
스위트 베르무트 22.5mL
오렌지 필 적당량

1 믹싱 글라스에 얼음과 진, 캄파리, 스위트 베르무트를 넣고 바스푼으로 고루 젓는다.

2 스트레이너를 이용해 얼음을 채운 잔에 붓고 도톰하게 썬 오렌지 필을 올려 장식한다.

tip
오렌지 껍질의 향은 네그로니를 완성하는 데 아주 중요해요. 여러 가닥을 넣어 더 향긋하게 즐기는 것도 좋답니다.

그라스호퍼
Grasshopper

메뚜기라는 이름을 가진 민트색 칵테일이에요. 민트의 시원하고 알싸한 향과 카카오의 달콤한 맛이 하나로 합쳐져 독특한 맛이 난답니다. 도수에 비해 술맛이 약해 가볍게 마실 수 있어요.

도수 15% **맛** Sweet **기법** Shaking

우유 45mL
카카오 리큐르 45mL
민트 리큐르 45mL

Ingredient

민트 리큐르 45mL
카카오 리큐르 45mL
우유 45mL
스피어민트 1장

1 셰이커에 얼음, 민트 리큐르, 카카오 리큐르, 우유를 넣고 재료가 잘 섞이도록 충분히 흔든다.

2 잔에 붓고 스피어민트를 올려 장식한다. 기호에 따라 얇게 썬 초콜릿 조각을 올려도 좋다.

오르가슴
Orgasm

오르가슴은 달콤하고 부드러운 맛이 나지만 세 가지 리큐르로 만들어 도수가 꽤 높아요.
좀 더 가볍게 마시고 싶을 땐 올드패션드 글라스에 얼음을 넣고 조금씩 희석시켜 마셔보세요.

도수 20%   **맛** Sweet   **기법** Shaking

Ingredient

베일리스 45mL
깔루아 45mL
아마레토 45mL

1. 셰이커에 얼음, 베일리스, 깔루아, 아마레토 넣고 잘 흔든다.
2. 스트레이너를 이용해 잔에 따른다.

tip
도수가 높기 때문에 달고 부드러운 칵테일을 좋아한다면 크림을 약간 추가해 만드는 것을 추천합니다.

차이나 블루
China Blue

리치 리큐르와 자몽주스, 토닉워터가 만나 적당히 달콤하면서도 청량한 맛이 나요.
자몽주스의 양을 늘리거나 자몽주스 대신 오렌지주스를 넣어 만들어도 맛있어요.

도수 7%   **맛** Sweet   **기법** Building

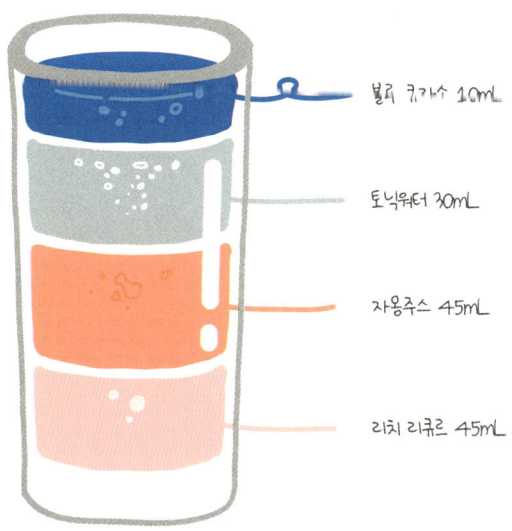

블루 큐라소 10mL

토닉워터 30mL

자몽주스 45mL

리치 리큐르 45mL

Ingredient

리치 리큐르 45mL
블루 큐라소 10mL
자몽주스 45mL
토닉워터 30mL

1 얼음 채운 잔에 리치 리큐르, 자몽주스, 토닉워터를 순서대로 붓는다.

2 ①에 블루 큐라소를 천천히 부은 뒤 바스푼으로 가볍게 젓는다.

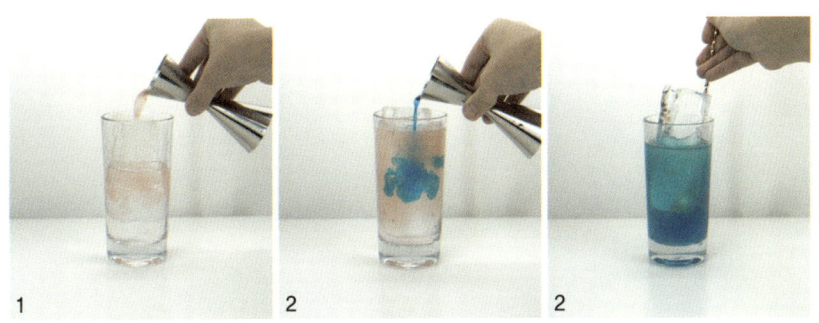

카시스 프라페
Cassis Frappe

달콤한 카시스 리큐르에 과일 향이 나는 다양한 술을 더해 만든 화려한 느낌의 칵테일이에요. 복숭아, 코코넛, 오렌지 등의 다양한 과일 맛과 향이 술맛을 가려 가볍게 마시기 좋아요.

도수 13% **맛** Sweet **기법** Shaking

- 사워믹스 15mL
- 트리플 섹 15mL
- 코코넛 럼 15mL
- 피치 리큐르 15mL
- 오렌지주스 30mL
- 카시스 30mL

Ingredient

카시스 30mL
피치 리큐르 15mL
코코넛 럼 15mL
트리플 섹 15mL
사워믹스 15mL
오렌지주스 30mL
레몬 슬라이스 적당량

1. 셰이커에 모든 칵테일 재료와 얼음을 넣고 잘 흔든다.
2. 스트레이너를 이용해 잘게 부순 얼음을 채운 잔에 붓고 레몬 슬라이스를 올려 장식한다.

스푸모니

Spumoni

달콤 쌉쌀한 맛이 나는 스푸모니는 이탈리아어로 '거품을 일으킨다'는 뜻이에요. 토닉워터의 기포가 올라오는 것을 보고 이름을 붙였다고 해요. 세 가지 재료로 세련된 맛을 낼 수 있는 칵테일이랍니다.

도수 6% | **맛** Refresh | **기법** Building

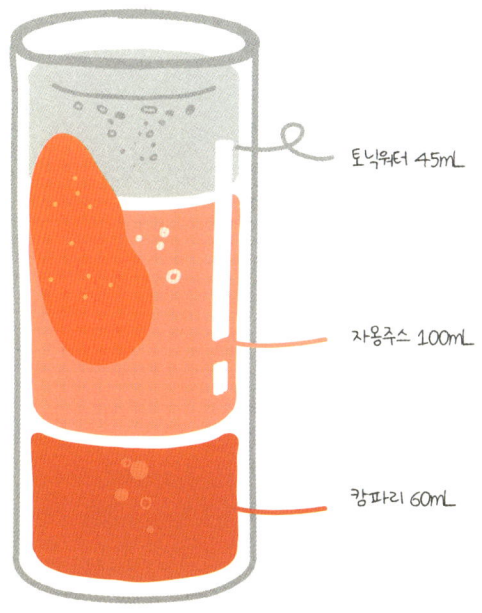

토닉워터 45mL

자몽주스 100mL

캄파리 60mL

Ingredient

캄파리 60mL
자몽주스 100mL
토닉워터 45mL
자몽 필 적당량

1 얼음을 채운 잔에 캄파리, 자몽주스, 토닉워터를 부은 뒤 바스푼으로 가볍게 젓는다.

2 도톰하게 썬 자몽 필을 올려 장식한다

시칠리안 키스
Sicilian Kiss

아마레토의 그윽한 견과류 향에 서던 컴포트의 풍부한 과일 향이 더해진 칵테일이에요.
리큐르로만 만들어 도수가 상당히 높지만 달고 향긋한 맛이 난답니다.

도수 28% **맛** Sweet **기법** Building

서던 컴포트 30mL

아마레토 30mL

Ingredient

아마레토 30mL
서던 컴포트 30mL
레몬 슬라이스 적당량
오렌지 필 적당량

1 얼음을 넣은 잔에 아마레토와 서던 컴포트를 붓고 바스푼으로 가볍게 젓는다.

2 레몬 슬라이스와 오렌지 필을 올려 장식한다.

향긋한 복숭아 맛 **서던 컴포트** Southern Comfort

복숭아를 버번위스키에 재워 만드는 달콤한 맛의 리큐르. 스칼렛 오하라, 시칠리안 키스 등 칵테일을 만들 때 사용하거나 온더록으로 마셔요.

슬로 진피즈

Sloe Gin Fizz

무더운 여름에 마시기 좋은 슬로 진피즈예요. 시큼한 슬로 진에 레몬주스와 탄산수가 더해져 시원하고 산뜻한 맛이 난답니다. 술맛이 거의 나지 않아 가볍게 마시기 좋은 칵테일 중 하나예요.

도수
10%

맛
Sour

기법
Shaking

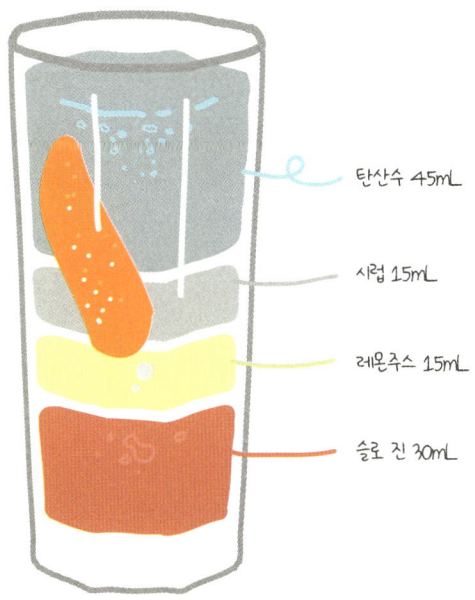

탄산수 45mL
시럽 15mL
레몬주스 15mL
슬로 진 30mL

Ingredient

슬로 진 30mL
탄산수 45mL
레몬주스 15mL
시럽 15mL
오렌지 필 적당량

1 셰이커에 얼음, 슬로 진, 레몬주스, 탄산수, 시럽을 넣고 잘 흔든다.

2 스트레이너를 이용해 얼음 채운 잔에 ①을 따른 뒤 오렌지 필을 올려 장식한다.

야생 자두로 만든 슬로 진 Sloe Gin

유럽의 야생 자두(Sloe Berry)와 설탕을 넣어 만든 리큐르로 새콤달콤한 자두 맛과 화려한 장미색이 나는 것이 특징이에요. 슬로 테킬라나 슬로 진피즈를 만들 때 사용합니다.

베일리스 밀크

Bailey's Milk

베일리스에 홍차와 우유가 더해져 달콤하고 부드러운 맛이 나는 티 칵테일이에요. 홍차는 진하게 우려야 베일리스에 향이 묻히지 않아요. 홍차 우리는 것이 번거롭다면 시판 밀크티를 사용해도 좋아요.

도수	맛	기법
4%	Sweet	Shaking

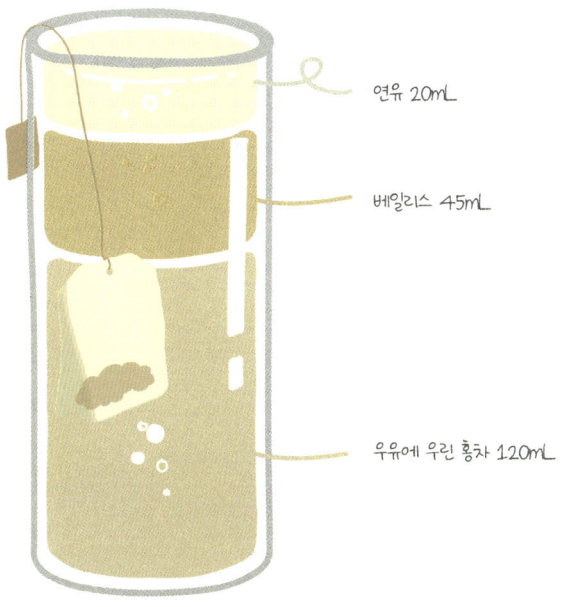

연유 20mL

베일리스 45mL

우유에 우린 홍차 120mL

Ingredient

베일리스 45mL
우유 120mL
홍차 티백 2개
연유 20mL

1. 따뜻하게 데운 우유에 홍차 티백을 넣고 우린 다음 냉장고에 두어 차갑게 한다.
2. 셰이커에 ①의 밀크티, 베일리스, 연유, 얼음을 넣고 잘 흔든다.
3. 스트레이너를 이용해 얼음 채운 잔에 붓는다.

카시스 우롱
Cassis & Oolong

카시스의 진한 베리 향에 우롱차가 더해져 향긋하고 깔끔한 맛이 나요. 많이 달지 않아 여러 요리에 곁들여 마시기 좋은 칵테일이랍니다. 시판 우롱차 대신 찬물에 우롱차 티백을 냉침시켜 넣어도 좋아요.

도수 4% **맛** Refresh **기법** Building

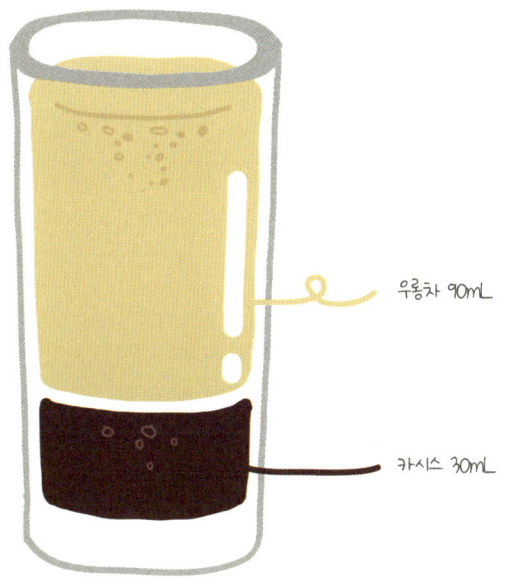

우롱차 90mL

카시스 30mL

Ingredient

카시스 30mL
우롱차 90mL

1 얼음을 채운 잔에 카시스와 우롱차를 차례로 넣는다.

2 바스푼으로 가볍게 젓는다.

tip
취향에 따라 홍차나 녹차 등 좋아하는 차를 섞어 마셔도 좋아요.

콰이페 하이볼
Kwai Feh Lychee Highball

하이볼을 위스키로만 만들라는 법은 없죠. 적당한 단맛에 깔끔한 칵테일을 찾고 있다면 딱이에요. 부드러운 거품과 시원한 칵테일을 동시에 즐길 수 있어요.

도수	맛	기법
4%	Light Sweet	Shaking

Ingredient

콰이페 리치 30mL
탄산수 75mL
레몬주스 15mL
달걀흰자 1개
설탕 1ts

1 얼음을 채운 잔에 콰이페, 레몬주스, 탄산수를 넣고 가볍게 섞는다.

2 셰이커에 얼음, 달걀 흰자, 설탕을 넣고 셰이킹한다.

3 셰이킹한 달걀 흰자와 설탕을 잔에 붓고 레몬 필로 장식한다.

tip
좋아하는 과일 향 리큐르를 활용해 다양하게 만들어도 좋아요.

그 밖의 칵테일
Etc

뉴욕 사워
상그리아
레드 아이
아이리시 밤
샌디 가프
신데렐라
골든 메달리스트
라벤더 레모네이드
허니 진저 콤부차
히비스커스 자몽 티

뉴욕 사워
New York Sour

레드와인에 버번위스키와 레몬주스를 더해 적당히 달콤하면서 깔끔한 맛을 내는 와인 칵테일이에요. 버번위스키가 단맛을 내므로 레드와인은 말벡이나 시라즈 등 조금 드라이한 것이 잘 어울려요.

도수
17%

맛
Sweet

기법
Blending
Floating

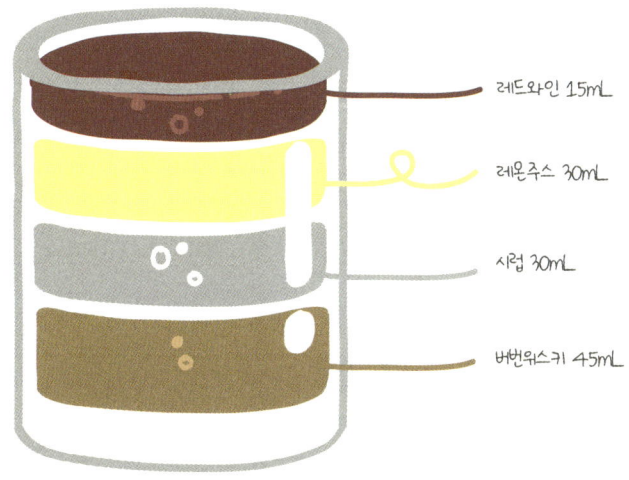

레드와인 15mL
레몬주스 30mL
시럽 30mL
버번위스키 45mL

Ingredient

레드와인 15mL
버번위스키 45mL
레몬주스 30mL
시럽 30mL

1. 셰이커에 얼음과 버번위스키, 레몬주스, 시럽을 넣고 잘 흔든다.

2. 얼음 채운 잔에 ①을 부은 다음 바스푼을 뒤집어 잔 안쪽에 대고 레드와인을 조심스럽게 따른다.

tip
층을 만드는 칵테일은 윗부분과 아랫부분의 맛이 달라 마실수록 다른 맛을 즐길 수 있다는 게 장점이에요. 처음부터 섞어서 마시기보다는 조금씩 달라지는 맛을 즐기며 천천히 마셔보세요.

상그리아
Sangria

저렴한 레드와인에 좋아하는 과일 듬뿍 넣어 홈파티용 술로 그만인 상그리아를 만들어보세요.
드라이한 맛이 강한 와인으로 만들 때는 과일에 설탕을 뿌린 뒤 잠깐 절였다가 와인을 부으면 돼요.

- 도수 13%
- 맛 Sweet
- 기법 Building

레드와인 1병

과일 적당량

Ingredient

레드와인 1병
과일 적당량
(사과, 오렌지, 레몬 등)

1 과일은 깨끗이 씻어 적당한 크기로 자른 뒤 뚜껑이 있는 병이나 용기에 담는다.

2 ①에 레드와인을 부어 냉장고에 하룻밤 이상 둔다. 기호에 따라 마시기 전 탄산수나 사이다를 섞는다.

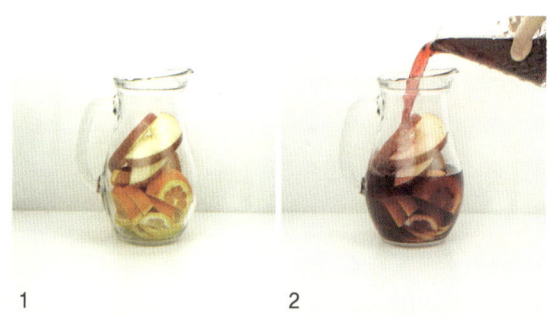

1　　2

레드 아이
Red Eye

해장용 칵테일로 잘 알려져 있는 칵테일이에요. 술 마신 다음 날, 숙취로 인해 붉게 충혈된 눈에서 이름을 따왔어요. 톡톡 쏘는 구수한 토마토주스 맛이 나요.

도수 3% | **맛** Sour | **기법** Building

Ingredient

맥주 150mL
토마토주스 150mL

1. 잔에 차가운 맥주와 토마토주스를 붓는다.
2. 바스푼으로 가볍게 젓는다.

tip
토마토가 들어가 숙취 해소에 효과가 있어요. 하지만 맥주가 들어가니 한두 잔만 마시도록 하세요.

아이리시 밤
Irish Bomb

흑맥주의 진한 맛과 베일리스의 부드럽고 달콤한 맛을 골고루 느낄 수 있는 아이리시 밤이에요.
베일리스 담은 잔을 흑맥주 담은 잔에 빠뜨려 단번에 마셔야 베일리스까지 남김없이 마실 수 있어요.

도수 5%   **맛** Sweet   **기법** Building

흑맥주 250mL

베일리스 30mL

Ingredient

흑맥주 250mL
베일리스 30mL

1 작은 샷 글라스에 베일리스를 따른다.

2 큰 잔에 흑맥주를 붓고 ①의 샷 글라스를 빠뜨린 뒤 한 번에 마신다.

tip
원샷으로 마셔야 제맛을 느낄 수 있어서 홈파티를 할 때 게임처럼 마시기에 좋은 칵테일이에요. 달콤 쌉쌀한 맛이 디저트로도 어울리니 마무리하는 한 잔으로 추천합니다.

샌디 가프
Shandy Gaff

진저에일의 알싸한 생강 향에 맥주의 탄산을 더한 칵테일이에요. 맥주의 쌉싸름한 맛과 진저에일의 향이 만나 시원하고 산뜻한 맛을 내요. 맥주와 진저에일을 1:1 비율로 섞기만 하면 간단하게 만들 수 있어요.

- 도수 3%
- 맛 Refresh
- 기법 Building

진저에일 150mL

맥주 150mL

Ingredient

맥주 150mL
진저에일 150mL
레몬 슬라이스 적당량

1 잔에 차가운 맥주와 진저에일을 붓고 가볍게 젓는다.

2 레몬 슬라이스를 올려 장식한다.

tip
청량감이 중요한 칵테일이므로 부드러운 맥주보다는 탄산이 강한 맥주로 만드는 것이 좋습니다.

신데렐라

Cinderella

세 가지 과일주스를 섞어 상큼한 맛이 나는 무알코올 칵테일이에요. 새콤달콤하고 산뜻해 여름에 마시기 좋아요. 신맛이 강하다면 레몬주스의 양을 줄여도 좋아요.

도수 0%   **맛** Sour   **기법** Shaking

파인애플주스 45mL

레몬주스 30mL

오렌지주스 45mL

Ingredient

오렌지주스 45mL
파인애플주스 45mL
레몬주스 30mL

1 셰이커에 얼음, 오렌지주스, 파인애플주스, 레몬주스를 넣고 잘 흔든다.

2 스트레이너를 이용해 얼음 채운 잔에 ①을 따른다.

tip
무알코올 칵테일이지만 알코올을 첨가해도 맛있어요. 보드카나 오렌지 리큐르를 약간 첨가해 만들어보세요.

골든 메달리스트

Golden Medalist

셔벗 스타일의 무알코올 칵테일인 골든 메달리스트. 피나콜라다 믹스에 딸기와 바나나를 넣어 부드럽고 달콤해요. 과일이 달지 않다면 파인애플주스나 시럽을 조금 더 추가해도 좋아요.

도수 0% **맛** Sweet **기법** Blending

Ingredient

피나콜라다 믹스 60mL
딸기 5~6개
바나나 1/2개
그레나딘 시럽 10mL

1 블렌더에 딸기, 바나나, 피나콜라다 믹스, 그레나딘 시럽, 얼음을 넣고 곱게 간다.

2 잔에 따르고 딸기를 올려 장식한다.

tip
생딸기를 구하기 힘들다면, 냉동 딸기를 사용해도 좋아요. 새콤한 맛이 강하다면 설탕의 양을 늘려주세요.

라벤더 레모네이드
Lavender Lemonade

청량한 레모네이드에 은은하고 차분한 라벤더의 향을 더한 독특한 맛의 무알코올 칵테일이에요.
레모네이드 만들기가 번거롭다면 시판 레모네이드 음료에 라벤더 시럽을 넣어 간단히 만들어도 맛이 좋아요.

도수 0% **맛** Sweet **기법** Building

Ingredient

레몬 1개
라벤더 시럽 30mL
설탕 3ts
탄산수 적당량
레몬 슬라이스 적당량

1. 레몬은 반 잘라 반은 얇게 슬라이스하고 나머지 반은 스퀴저로 즙을 내 잔에 따른다.

2. 레몬즙에 설탕을 넣고 바스푼으로 저어 완전히 녹인 뒤 라벤더 시럽을 넣어 고루 섞는다.

3. 잔에 얼음을 넣고 탄산수를 부어 잔을 채운다.

허니 진저 콤부차
Honey Ginger Kombucha

콤부차는 녹차나 홍차에 설탕을 넣어 발효시킨 차예요. 콤부차에 진저에일을 넣어 산뜻한 맛의 칵테일을 만들어보세요. 달콤하고 시큼한 맛에 생강 향이 더해져 식전 음료나 식후 입가심 음료로 모두 좋아요.

도수 0%   **맛** Sweet   **기법** Building

진저에일 90mL

레몬 슬라이스 1조각

콤부차 90mL

꿀 1ts

Ingredient

레몬 콤부차 90mL
진저에일 90mL
꿀 1ts
레몬 슬라이스 1조각

1 잔에 콤부차, 진저에일, 꿀을 넣고 고루 섞는다.

2 잔에 얼음을 넣고 레몬 조각을 눌러 즙을 짜 넣는다.

히비스커스 자몽 티
Hibiscus Grapefruit Tea

히비스커스 차의 새콤한 맛과 자몽 특유의 쌉쌀함이 잘 어울리는 무알코올 칵테일이에요. 자몽주스 대신 자몽 즙을 짜서 넣으면 상큼한 맛이 더 좋아요. 마지막에 로즈메리를 올려 향긋함을 더해도 좋답니다.

- 도수 0%
- 맛 Sweet
- 기법 Shaking

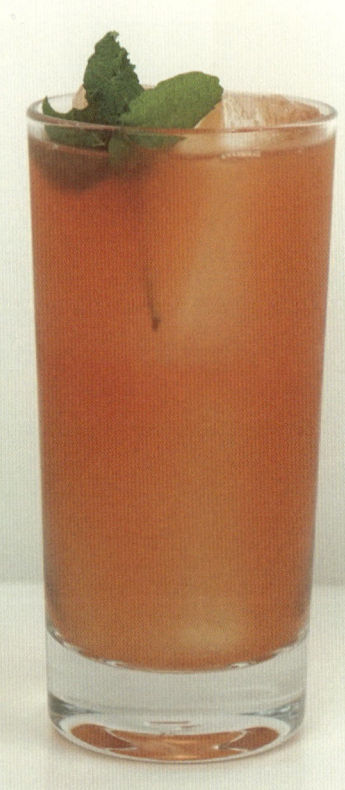

Ingredient

자몽주스 60mL
히비스커스 차 티백 1개
뜨거운 물 30mL
시럽 20mL

1 뜨거운 물에 히비스커스 티백을 넣어 진하게 우린 뒤 냉장고에 넣어 차갑게 식혀둔다.

2 셰이커에 얼음, 히비스커스 차, 자몽주스, 시럽을 넣고 잘 흔든다.

3 스트레이너를 이용해 잔에 따른다.

찾아보기

가나다순

ㄱ
갓마더 126
갓파더 126
골든 메달리스트 196
그라스호퍼 162
깔루아 밀크 70

ㄴ
네그로니 160
뉴욕 사워 184

ㄷ
더티 마티니 44
데이지 104
도쿄 아이스티 116
드라이 마티니 44

ㄹ
라모스 진피즈 58
라벤더 레모네이드 198
라즈베리 진피즈 60
레드 아이 188
로지 64
롱비치 아이스티 116
롱아일랜드 아이스티 116

ㅁ
마티니 44
마가리타 108
마이타이 88
마타도르 112
맨해튼 128
모히토 90, 92
미도리 사워 156
민트 줄렙 124

ㅂ
바이올렛 66
베일리스 밀크 176
베일리스 커피 132
브랜디 스매시 144
브랜디 알렉산더 146
브램블 50
블랙 러시안 70
블러디 메리 80
블루 마가리타 108
블루 하와이 98
비트윈 더 시트 148

ㅅ
사이드 카 142
샌디 가프 192
상그리아 186
섹스 온 더 비치 76
솔티 도그 82
스크루 드라이버 74

스푸고니 170
슬로 진피즈 174
슬로 테킬라 114
시칠리안 키스 172
시크릿 가든 84
신데렐라 194

ㅇ
아드백 하이볼 134
아이리시 밤 190
아이리시 커피 132
이이스티 하이볼 136
에비에이션 54
오르가슴 164
오이 모히토 92
올드패션드 122
위스키 사워 130
AMF 116

ㅈ
준 벅 158
진 그린티 62
진 & 바질 스매시 48
진토닉 46
진피즈 58, 60, 174
짐빔 하이볼 138

ㅊ
차이나 블루 166
치치 94

ㅋ
카시스 우롱 178
카이피로스카 102
카이피리냐 102
카이피리시마 102
카시스 프라페 168
코스모폴리탄 72
콰이페 하이볼 178
쿠바 리브레 100
클로버 클럽 56
키스 오브 파이어 78

ㅌ
테킬라 선라이즈 110
텍사스 티 116

ㅍ
피나 콜라다 94
핑크 레이디 52
프렌치 커넥션 150
프로즌 수박 다이키리 96
피치 크러시 154

ㅎ
하이볼 134, 136, 138, 180
허니 진저 콤부차 200
화이트 러시안 70
화이트 레이디 52
히비스커스 자몽 티 202

리스컴이 펴낸 책들

대한민국 대표 요리선생님에게 배우는 요리 기본기
한복선의 요리 백과 338

칼 다루기부터 썰기, 계량하기, 재료를 손질·보관하는 요령까지 요리의 기본을 확실히 잡아주고 국·찌개·구이·조림·나물 등 다양한 조리법으로 맛 내는 비법을 알려준다. 매일 반찬부터 별식까지 웬만한 요리는 다 들어있어 맛있는 집밥을 즐길 수 있다.

한복선 지음 | 352쪽 | 188×254mm | 22,000원

우리 집을 넓고 예쁘게
공간 디자인의 기술

집 안을 예쁘고 효율적으로 꾸미는 방법을 인테리어의 핵심인 배치, 수납, 장식으로 나눠 알려준다. 포인트를 콕콕 짚어주고 알기 쉬운 그림을 곁들여 한눈에 이해할 수 있다. 결혼이나 이사를 하는 사람을 위해 집 구하기와 가구 고르기에 대한 정보도 자세히 담았다.

가와카미 유키 | 240쪽 | 170×220mm | 16,800원

먹을수록 건강해진다!
나물로 차리는 건강밥상

생나물, 무침나물, 볶음나물 등 나물 레시피 107가지를 소개한다. 기본 나물부터 토속 나물까지 다양한 나물반찬과 비빔밥, 김밥, 파스타 등 나물로 만드는 별미요리를 담았다. 메뉴마다 영양과 효능을 소개하고, 월별 제철 나물, 나물요리의 기본요령도 알려준다.

리스컴 편집부 | 160쪽 | 188×245mm | 12,000원

119가지 실내식물 가이드
실내식물 죽이지 않고 잘 키우는 방법

반려식물로 삼기 적합한 119가지 실내식물의 특징과 환경, 적절한 관리 방법을 알려주는 가이드북. 식물에 대한 정보를 위치, 빛, 물과 영양, 돌보기로 나누어 보다 자세하게 설명한다. 식물을 키우며 겪을 수 있는 여러 문제에 대한 해결책도 제시한다.

베로니카 피어리스 | 144쪽 | 150×195mm | 16,000원

입맛 없을 때, 간단하고 맛있는 한 끼
뚝딱 한 그릇, 국수

비빔국수, 국물국수, 볶음국수 등 입맛 살리는 국수 63가지를 담았다. 김치비빔국수, 칼국수 등 누구나 좋아하는 우리 국수부터 파스타, 미고렝 등 색다른 외국 국수까지 메뉴가 다양하다. 국수 삶기, 국물 내기 등 기본 조리법과 함께 먹으면 맛있는 밑반찬도 알려준다.

장연정 지음 | 200쪽 | 188×245mm | 14,000원

화분에 쉽게 키우는 28가지 인기 채소
우리 집 미니 채소밭

화분 둘 곳만 있다면 집에서 간단히 채소를 키울 수 있다. 이 책은 화분 재배 방법을 기초부터 꼼꼼하게 가르쳐준다. 화분 준비부터 키우는 방법, 병충해 대책까지 쉽고 자세하게 설명하고, 수확량을 늘리는 비결에 대해서도 친절하게 알려준다.

후지타 사토시 | 96쪽 | 188×245mm | 13,000원

만약에 달걀이 없었더라면 무엇으로 식탁을 차릴까
오늘도 달걀

값싸고 영양 많은 완전식품 달걀을 더 맛있게 즐길 수 있는 달걀 요리 레시피북. 가벼운 한 끼부터 든든한 별식, 밥반찬, 간식과 디저트, 음료까지 맛있는 달걀 요리 63가지를 담았다. 레시피가 간단하고 기본 조리법과 소스 등도 알려줘 누구나 쉽게 만들 수 있다.

손성희 지음 | 136쪽 | 188×245mm | 14,000원

착한 성분, 예쁜 디자인
나만의 핸드메이드 천연비누

예쁘고 건강한 천연비누를 만들 수 있도록 돕는 레시피북. 천연비누부터 배스밤, 버블바, 배스 솔트까지 39가지 레시피를 한 권에 담았다. 재료부터 도구, 용어, 팁까지 비누 만드는 데 알아야 할 정보를 친절하게 설명해 그대로 따라 하면 누구나 쉽게 천연비누를 만들 수 있다.

오혜리 지음 | 248쪽 | 190×245mm | 18,000원

아침 5분, 저녁 10분
스트레칭이면 충분하다

몸은 튼튼하게 몸매는 탄력 있게 가꿀 수 있는 스트레칭 동작을 담은 책. 아침 5분, 저녁 10분이라도 꾸준히 스트레칭하면 하루하루가 몰라보게 달라질 것이다. 아침 저녁 동작은 5분을 기본으로 구성하고 좀 더 체계적인 스트레칭 동작을 위해 10분, 20분 과정도 소개했다.

박서희 지음 | 152쪽 | 188×245mm | 13,000원

지하철 택배 할아버지가 전하는 '가슴 따뜻한 세상 이야기'
꿈을 나르는 지하철

〈유 퀴즈 온 더 블럭〉에서 화제가 된 '지하철 택배 할아버지'. 그가 바라본 우리들의 이야기를 한 권의 책으로 엮었다. 길 위에서 마주친 사람들의 이야기, 사람과 사람 사이를 이으며 배송한 물건에 얽힌 사연, 지하철로 연결된 도시 서울에 대한 단상을 따뜻한 추억과 함께 소환한다.

조용문 지음 | 224쪽 | 146×205mm | 17,000원

라인 살리고, 근력과 유연성 기르는 최고의 전신 운동
필라테스 홈트

필라테스는 자세 교정과 다이어트 효과가 매우 큰 신체 단련 운동이다. 이 책은 전문 스튜디오에 나가지 않고도 집에서 얼마든지 필라테스를 쉽게 배울 수 있는 방법을 알려준다. 난이도에 따라 15분, 30분, 50분 프로그램으로 구성해 누구나 부담 없이 시작할 수 있다.

박서희 지음 | 128쪽 | 215×290mm | 10,000원

20년 차 헐랭이 농부의 시골 정착기
시골에 살길 잘했다

도시 생활에 지친 현대인들에게 힐링이 되는 그림 에세이. 농사는 못 지어도 시골 살이의 낭만은 알차게 수확하는 헐랭이 농부의 시골 정착기가 아름다운 그림과 재치 있는 글로 펼쳐진다. 시골에서 비로소 삶의 여유와 행복을 찾았다는 저자의 이야기가 많은 공감을 준다.

김주형 지음 | 130×200mm | 16,800원

마음이 부서지기 전에 …
소심한 당신을 위한 멘탈 처방 70

인간관계에 어려움을 겪는 사람들을 위한 처방전. 정신과 전문의가 70가지 상황별로 대처하는 방법을 알려준다. 의사표현이 힘든 사람, 대인관계가 어려운 사람들에게 추천한다. '멘탈 닥터'의 처방을 따른다면 당신의 직장생활이 편해질 것이다.

멘탈 닥터 지음 | 312쪽 | 146×205mm | 16,000원

소소하지만 의미 있게, 외롭지 않고 담담하게
오늘은 이렇게 보냈습니다

〈카모메 식당〉의 저자 무레 요코가 들려주는 '컬러풀한 일상을 만들어가기 위한 삶의 힌트'. 그녀가 요즘 하고 있는 것들, 먹고 읽고 보고 느낀 것들을 공개한다. 늘 익숙한 공간, 반복되는 일상 속에서도 즐거움과 기쁨은 얼마든지 발견할 수 있다는 깨달음을 주는 책.

무레 요코 지음 | 130×200mm | 16,800원

스무 살의 부자 수업
나의 직업은 부자입니다

어떻게 하면 돈을 모으고, 잘 쓸 수 있는지 방법을 알려주는 돈 벌기 지침서. 스무 살 여대생의 도전기를 읽다 보면 32가지 부자가 되는 가르침을 익힐 수 있다. 이제 막 돈에 눈을 뜬 이십 대, 사회초년생을 비롯한 부자가 되기를 꿈꾸는 당신에게 추천한다.

토미츠카 아스카 지음 | 256쪽 | 152×223mm | 15,000원

꽃과 같은 당신에게 전하는 마음의 선물
꽃말 365

365일의 탄생화와 꽃말을 소개하고, 따뜻한 일상 이야기를 통해 인생을 '잘' 살아가는 방법을 알려주는 책. 두 딸의 엄마인 저자는 꽃말과 함께 평범한 일상 속에서 소중함을 찾고 삶을 아름답게 가꿔가는 지혜를 전해준다. 마음에 닿는 하루 한 줄 명언도 담았다.

조서윤 지음 | 292쪽 | 130×200mm | 16,000원

혼술·홈파티를 위한 칵테일 레시피 85

칵테일 앳 홈

지은이 | 리니비니 (강수빈, 강예린)

편집 | 김민주 이희진
디자인 | 한송이
마케팅 | 장기봉 이진목 황기철

인쇄 | 금강인쇄

펴낸이 | 이진희
펴낸곳 | (주)리스컴

초판 1쇄 | 2024년 1월 22일
초판 2쇄 | 2024년 6월 3일

주소 | 서울시 강남구 테헤란로87길 22, 7138호
전화번호 | 대표번호 02-540-5192
　　　　　 편집부 02-544-5194
FAX | 0504-479-4222
등록번호 | 제2-3348

이 책은 저작권법에 의하여 보호를 받는 저작물이므로
이 책에 실린 사진과 글의 무단 전재 및 복제를 금합니다.
잘못된 책은 바꾸어 드립니다.

ISBN 979-11-5616-320-6 13590
책값은 뒤표지에 있습니다.